I0642687

LOUIS-FERDINAND CÉLINE

COLLOQUI CON IL PROFESSOR Y

&

ALL'AGITATO IN PROVETTA

OMNIA VERITAS

Louis-Ferdinand Céline
(1894-1961)

Colloqui con il professor Y
1955
&
All'agitato in provetta
1948

Publicato da
Omnia Veritas Ltd

Omnia Veritas

www.omnia-veritas.com

Colloqui con il professor Y

Traduzione di Gianni Celati e Lino Gabellone

La verità, eccola, pura e semplice, l'editoria si trova in una crisi di vendite gravissima. Mica credere a un solo zero di tutte le pretese tirature di 100 000! 40 000!... neanche 400 copie!... incanta-gonzi! Ohimè!... Ohimè!... solo la "stampa rosa"... e ancora ancora!... se la cava abbastanza... e forse i "libri gialli"... i "verdastri"... Fatto sta che non si vende piú niente... grave!... il Cinema, la televisione, gli elettrodomestici, lo scooter, l'auto a 2, 4, 6 cavalli, al libro gli fanno dei danni enormi... tutto "vendita a rate", figuriamoci! e i "week-ends"!... e le belle vacanze bi! trimestrali!... e le crociere Lololulu!... ciao risparmi!... e sotto coi debiti!... non ci resta neanche un dindino!... allora, capirete, comprare un libro!... una roulotte? Passi!.... ma un libro!... la cosa piú imprestabile del mondo!... si sa, un libro se lo leggono almeno in venti... venticinque lettori... eh, ma il pane e prosciutto, facciamo un caso, se potessero far contenti cosí bene... una sola fetta! venti... venticinque consumatori! sai la cuccagna!... il miracolo della moltiplicazione dei pani vi lascia basiti, ma il miracolo della moltiplicazione dei libri, quindi della gratuità del lavoro di scrittore, non è mica un fatto tanto nuovo. Questo miracolo avviene, e come la cosa piú pacifica del mondo, "alla truffalda", o con le buone maniere, nelle sale di lettura, ecc... ecc... In tutti i casi l'autore, senz'altro ci ha un cospicuo patrimonio personale, o la rendita d'un gross Partito, oppure ha scoperto (alto che fissione dell'atomo!) il segreto di vivere senza mangiare. D'altra parte qualsiasi persona agiata (privilegiata, imbottita di dividendi) è pronta a dichiaratvi come verità che non si discute, e anche senza metterci malizia: *che solo la miseria libera il genio... che occorre l'artista soffra!... e mica poco!... parecchio e anche di piú!... giacché egli partorirà soltanto nel dolore!... e che il Dolore è il suo Signore!...* (scribe il Socle)... per giunta lo sanno tutti che la galera non gli fa mica male all'artista!... al contrario!... che la vera vita del vero artista non è nient'altro che un lungo o corto nascondino con la galera... e che il patibolo, per terribile che sembri, lo delizia appieno... il patibolo, diciamo, aspetta l'artista! Un artista che sfugge al patibolo (o alla forca se preferite) può essere, passati i quaranta, considerato un pagliaccio... Dato che lui è emerso dalla folla, si è fatto notare, è normale e naturale che sia punito nel piú esemplare dei modi... tutte le finestre sono già affitate, e senza ribassi, per assistere al suo supplizio, per vedergli finalmente far delle smorfie, sincerissime! Diciamo, Place de la Concorde... la folla è già li che stradica gli alberi, che ti riduce le Tuileries a un immenso spazio sgombro! Per guardarlo bene nella ghigna, quando gli taglieranno il collo piano piano, con un temperino... la fine del clown, quella che vogliono tutti, non è tanto di vederlo scornato, godimento lofio! è che lo leghino al cavalletto! O sulla ruota! e che li sopra lo facciano urlare quattro... cinque ore... è questo che lo aspetta, lo scrittore! Clown anche lui!... perdinci!... a quello che gli tramano dietro, ci scappa solo a forza di gran marpionate, saraffate, leccherie, o se è nella manica d'una qualche Accademia... la grande o la piccola, oppure una Parrocchia... o un Partito... tutti rifugi un tantino precari!... mica illuddetti "rifugi"!... e questo "impegno"... ohimè! Ohimè!... anche per quei tali che ne hanno tre o quatro di "tessere"!... tanti patti col Maligno!...

Tirate le somme, a farci caso, vedrete un bel po'di srittori andare in malora, mentre di rado sotto i ponti ci troverete un editore... sai che ridere!... l'altro giorno stavo li proprio parlando di questo con Gaston, Gaston Gallimard... e cari miei, Gaston la sa lunga!... lui trovava che, per conto mio, dovrei cercare di rompere il silenzio che mi ha danneggiato tanto! Romperlo! Una buona volta! Venir fuoti dal guscio per far riconoscere il mio genio...

— Seeh!

Gli faccio.

"Lei non sta al gioco!"... concludeva lui... non che mi rimproverasse niente... ma però!... è un mecenate, siamo d'accordo, il Gaston... ma è un commerciante, il Gaston, pure... non volevo dargli un dispiacere... allora mi sono messo a cercarmi svelto svelto, senza buttar via un minuto, qualche attitudine a "stare al gioco"... con la formazione scientifica che ci ho, figuratevi se non ho capito cosa vuol dire "stare al gioco"!... L'ho capito illico immantinente, che, innanzi tutto! "stare al gioco" era andar in onda alla Radio... ferma ogni altra bega!... andar là a strologare! La priùa cosa che mi capita in mente!... ma far ripetere il mio nome cento volte! Ùille volte! Bello chiaro!... chi sei? La "saponetta grandibolle"?... il "rasoio senza lame Garagnan"?... o il "geniale scrittore Illegy"?... conta niente!... stessa minestra! Stessa tecnica! Via che vai dal microfono, e subito ti fai riprendere! Di muso e di profilo! Ti fai filmare la prima infanzia, la pubertà, la maturità, tutti i tuoi minimi accidenti... concluso il film, telefono!... che arrivino di corsa i giornalisti!... allora gli spieghi perché ti sei fatto filmare l'infanzia, la pubertà, la maturità... che stampino tutto, fedelmente, poi ti rifotografino! E daccapo!... e che vengano stampate su cento giornali!... tante ma tante volte! Le tue foto!... io, vero, per conto mio, mi vedevo già imbarcato in una di queste baraonde da spavento!... scusare di qua!... esaltare di là!... eppoi certi amici miei, pubblicisti, mi hanno fatto passare alla svelta i bollenti spiriti.

— Ma ti sei mai visto, Ferdinand? Sei diventato matto? E magari perché non televisionarti? Con quel grugno? E quella voce? Ti sei mai sentito?... ma ti sei mai guardato allo specchio? La biffa che ci hai?...

Io non mi guardo mica spesso allo specchio, questo è vero, e per quel po'che mi sono guardato, col passar degli anni, mi sono trovato sempre piú lofio... eppoi lo diceva anche mio padre... mi trovava orrendo... consigliava di farmi crescere la barba...

— Ma la barba, figliolo, bisogna curarsela! E tu sei un maiale! E dopo puzzi!...

Concludeva mio padre... quanto alla mia voce, quella la conosco... se urlo "aiuto! Al fuoco" si sente... ma non mi sognerei mai di pretenderla fascinosa... insomma: né guardabile, né ascoltabile!... questo non l'ho confessato a Gaston... ho ripiegato su Paulhan... il premuroso Paulhan...

—Paulhan, se ci facessimo una bella intervista?... cioè, se lei facesse un'intervista a me? Che ne dice? Un'intervista? Magari gli fa anche comodo a Gaston!... lui vuole che io "stia al gioco"!... è un gioco in grande stile l'intervista, no? La fate uscire sui vostri "Quaderni antico-antico", gli darebbe un po'di scossa... gli farebbe mica male...

Paulhan era del parere, sí... lui ci stava... ma non aveva tempo neanche un po'... impegnato per mesi e mesi! Tra l'altro in partenza per una cura... bisogna far sempre carte false per beccare qualcuno da Gaston... o partono per le terme o tornano... se son di ritorno, hanno tante di quelle lettere arretrate che ci mettono del mesi per rispondere... dettare, ridettare... e una volta messe le lettere in busta, appiccicati i francobolli, sono tutti sbalati, flosci... e ripartono per le terme... sono cosí ma cosí impegnati, tutto lo Stato

Maggiore di Gaston... tu non capisci... e fai domande cretine... razza d'un poltrone buono a niente! Fiaccone d'un autore!... parassita dell'Editoria!... stai a sognare, sí!... sogni!... e la realtà concreta ti sfugge!... la sola realtà nel caso di Paulhan era che lui ripartiva per una crociera... tanto per cambiare!... mi toccava trovarmi un altro barone... un intervistatore che resti qui, che non vada a farsi la cura!... ne trovo uno!... poi due!... poi tre!... poi dieci!... bravi anche... e ci stavano... ma a una condizione: che non li tirassi in ballo!... che non li citassi! Accettavano, loro, ma "anonimi"!...

Io la capisco la prudenza... e come!... non si è mai prudenti abbastanza... alla fine erano in cinquanta! L'imbarazzo della scelta!... dato che non volevo offendere nessuno... sí che ero in un bell'imbarazzo!... ce n'erano certi declamanti... altri ciacoloni in un modo!... ne trovo uno che mi era proprio contro, ma per me era meglio... sornione e diffidente questo... non voleva venire da me, non voleva che andassi da lui, gli quadrava solo un posto pubblico... per passare inosservati...

— E va bene!... gli dico... Scelga il posto che preferisce!

— Square des Arts-et-Métiers!

A me piace lo Square des Arts-et-Métiers... ci ho una maraia di quei vecchi ricordi... il moi intervistatore lo chiamiamo: professor Y. Eccoci allora seduti su una panchina di questa piazzetta, il professor Y alla mia destra... si scarreggiava da tutte le parti, il professor Y... eh, nn era tranquillo... a sinistra! Di là!... e poi di dietro!... il nostro appuntamento era alle undici, alle undici del mattino... io ero già lí alle dieci e mezza... come ve lo spiego?... arrivare con molto anticipo è la tattica abituale dei diffidenti... quando uno vuol vedere che vento tira... bisognerebbe arrivare il giorno prima, la gente ti tira di quei bidoni!... ma insomma. Bè!... eccoci qua!... io mi aspettavo mi facesse domande... si era d'accordo... invece no! Niente!... lui stava muto sulla panchina, lí al mio fianco!... se lo sapevo facevo venire un altro rozzo!... mica mi mancavano!... uno che brontolasse un po'... è un pianto, un tipo come questionY, ostile e per giunta muto totale!

— Lei brilla per scortesia signor professore.

Gli faccio.

— Siamo qui per un'intervista! Nessuno la rapisce! Non abbia paura! Come faccio a perorare, come faccio a stare al gioco, se non mi pone domande? Pensi a Gaston!

Al che lo vedo sussultare di botto! Trasalire al nome di Gaston! Smette di scarreggiarsi a destra e manca...

— Gaston!... Gaston!...

Si mette a fafugliare... Perché anche lui, come cento altri, naturalmente, il nostro professor Y, come mille altri, laureati, docenti, cogli occhiali, senza occhiali, ci aveva un manoscritto "in lettura" alla NRF... quasi tutti i professori hanno un mezzo Goncourt in salamoia alla NRF... voi mi direte: e si vede!... non sono piú romanzi quelli che pubblicano, ma tanti compitini!... compitini sarcastici, compitini archeologici, compitini proustici, compitini senza capo né coda, competini! Competini nobelici... competini anti-antirazzisti! Compitini per piccoli premi! Per grandi premi!... Compitini Pléiade! Compitini!... Il professor Y, naturalmente anche lui ce l'aveva il suo bravo compitino, che aspettava da anni, nei sotterranei della NRF, che Gaston se lo faccia portare, ci dia un occhio... difatti da bravo "squalo", come ci ha soprannome, gran divoratore di editori, Gaston, quel che non si mangia di plancton! Gaston! State pur certi che non desperisce!... e vedete poi la macchina che si ritrova!... vero ordigno per sualo d'alto bordo... con certi denti di radiatore!... una corazza formidabile levigata e fuccicosa!... caspita!... in che bocca si andava a cacciare il professor Y, lui e il suo compitino!... questo bisogno che hanno tutti i professori di scrivere "allamanieradí", è proprio commovente... per forza che si copiano tutti... sono stati troppo a scuola... stare a scuolà è il loro mestiere... e a scuola che cosa si impara? A toccarsi e poi a copiarsi... tutti i postulanti goncourtosi si copiano, per forza!... sono immobili, uguali, noiosi, inevitabili come una sfilza di quadri messi lí in una grande mostra qualsiasi... la Medaglia d'Oro o il premio Goncourt: e via d'imbratto per l'una! E via di scarabocchio per l'altro! Tutti felici e contenti!... il professor Y, qui presente, ci pensava come un matto alla Medaglia d'Oro, al Goncourt, per sé e per il suo merdoso manoscritto! Un'occhiatina di Gaston, una parolina di Gaston!

— Allora Y, si scuota un po'! la prego! È per Gaston che lavoriamo!

Gli faccio.

— Se non mi intervista... e in modo intelligente... si diverte poi lei, quando torna a casa!... vedrà lei, il Gaston! Come glielo canta in musica il suo Goncourt! E il suo "frigidaire"!... e il suo viaggio in Italia!... e il suo aspirapolvere "Credo"!... la signora Y si farà delle matte rizate, con un marito buono a niente cosí!

Lo vedo diventar rosso, cremisi!... posso dire d'averlo svegliato!... non guarda piú a destra... né a sinistra!...

— A!... allora!... Co!... cominciamo! Signore!... ma soprattutto niente politica... niente politica!...

— Stia tranquillo!... non si preoccupi! La politica è collera!... e la collera, professor Y, è un peccato mortale! Si ricordi! Chi è in collera dà i numeri! Tutte le furie lo braccano! Lo sbranano! Giustizia fatta!... ah no, professor Y, me non mi pescano piú! Neanche per un Impero! Mai piú!

— Che cosa ne direbbe allora d'un piccolo dibattito filofico?... si sente in grado?... un dibattito, facciamo, per esempio, sulle mutazioni del progresso in conseguenza delle trasformazioni del "sé"?...

— Ah signor professor Y, io voglio portarle rispetto e tutto quanto... ma gliedlo dico subito: sono contrario!... io non ho idee! Neanche mezza! Per me non c'è niente di piú volgare, di piú ordinario, di piú disgustoso delle idee! Nelle biblioteche ne trova a iosa! E nei caffè!... tutti gli impotenti traboccano di idee!... e i filosofi!... le idee sono la loro industria!... si ruffianano i giovani con quelle! Se li smagnacciano!... i giovani son pronti a buttar giú qualsiasi cosa... per loro tutto quanto è: *formidaaaabile!* Cosí gli riesce facile a quei pappa! L'appassionata stagione della giovinezza passa ad arraparsi e a farsi gargarismi di "ideaae"!... di filosofie, per meglio dire... sí, proprio di filosofie, caro signore!... ai giovani piace l'impostura come ai cagnolini piacciono quei legnetti, quegli ossi fasulli, che gli fanciano, e loro ci corrono dietro! Si precipitano, abbaiano, perdono tempo, è quel che conta!... allora lei li vede tutti quei fanfaroni, che non la smettono mai di fare cavallin do do con la gioventú... di lanciale un sacco di legnetti buchi, filosofici... come si spolmona la gioventú!... et come ci sta... e quanto è riconoscente!... loro sanno quello che ci vuole per lei, i papponi! Delle ideae!... piú che ideae! Sintesi! E mutazioni cerebrali!... e giú un porto! E giú un altro! La logistica! *formidaaaabile!...* piú è vuoto, piú la gioventú ingolla tutto! Smorfisce tutto! Tutto quello che ci trova nei legnetti buchi... *ideaaae!...* cavallin do do... lei, lei professor Y, sia detto senza offesa, ha una faccia intelligente! Persino da dialettico!... lei frequenta i giovani, è chiaro! Chissà come gli riempie la zucca! Lei ci campa sui giovani! Lei li adora i giovani, no?... impazienti, presuntuosi, fiacconi... lei deve essere persino casuistico! Ci scommetto!... piú casuistico di Abelardo!... quindi alla moda!...

Gli dico le cose piú perfide che mi vengono!... che salti per aria!... ostilità per ostilità, almeno vada in bestia! Cosí gliele suono!... che ci prendiamo a cazzotti, se non si fa l'intervista!... poi racconto tutto a Gaston! Che si diverta!... e che mi sganci un testione d'anticipo!... debiti per debiti!...

Lui reaglsce! Ci avrei giurato!...

— E lei allora, si può sapere cosa fa, lei?

La prima domanda che pone!

— Io sono soltanto un piccolo inventore, signor mio!... un piccolo inventore, e me ne vanto!

— Accipicchia!

Tutta qui la sua risposta... insisto...

— Piccolo inventore, proprio cosí!... d'una trovata!... soltanto una trovatina!... io non spargo messaggi per il mondo!... ah io no, signor mio!... io non sto a riempire l'etere coi miei pensieri! Io no, signore! Non mi ubriaco di chiacchiere, né di porto, né di lusinghe per i giovani!... io non cogito per il pianeta!... io sono solo un piccolo inventore, d'una cosetta da niente! Che tramonterà perdío! Come tutto il resto! Come il gemello da collo! Riconosco la mia infima importanza! Ma tutto fuorché le *idee*!... quelle le lascio ai salassadori! Tutte le *idee*! Ai macrò, ai confusionisti!...

Lo diverto... lui ghigna! Per la miseria, non lo lascio ghignare per molto!

— E lei, mi dica, lei che fa?... lei, professor Y?... lei non è uno che tira a sbalordire?... lei non travia i Giovani?... non enuncia "messaggi"?... me stupirebbe!...

— Lei ha inventato qualcosa?... che cos'è?

Chiede.

— L'emozione del linguaggio scritto!... il linguaggio scritto era a terra, sono io che ho restituito l'emozione al linguaggio scritto!... è come le dico!... mica uno sgobbo da niente, glielo assicuro! La trovata, la magia! Che adesso qualsiasi imbecille può commuoverla "per iscritto"!... ùa ritrovare l'emozione del "parlato" attraverso lo sritto! Scusi se è poco!... una minuzia ma è qualcosa!...

— Lei è presuntuoso fino al grottesco!

— Sicuro! Sicuro!... e con ciò?... gli inventori sono dei mostri!... tutti! Soprattutto i piccoli! *L'emozione del linguaggio parlato attraverso lo scritto!* Ma ci pensi un po', il mio professor Y! Faccia un po' macinare quelle meningi!

— Sí, va bene, ma i Delly? Prenda un po' quei Delly!... che guadagnano cento milioni all'anno, senza pubblicità né recensioni... forse che cercano "l'emozione attraverso il linguaggio parlato"? loro!... fanfaluche!... e non vanno mai in prigione! Loro! Si comportano come si deve! Loro!

— Sí, ma c'è un segreto Delly... lo sa qual è?

— No!

— Sono piú "patacca" di tutti gli altri!... per questo vendono piú di tutti gli altri! I premi Goncourt davanti a loro spariscono!... a questio mondo chi è che guadagna? Eh, professor Y? Chi gode del favore generale? Delle masse e dell'élite? Glio chiedo! Nell'Urss come a Colombus (Ohiohio) come a Vancouver nel Canada, come a Fez nel Marocco, a Trebisonda o a Città del Messico?... il tipo "patacca", professor Y!... la patacca! Cortina di ferro o cortina di latta... a culo i regimi!... congreghe di San Sulpizio dappertutto! Idem le belle lettere! La musica! Pittura! Morale e buone maniere! "Patacche"! I Delly "patacca" sono gli autori piú tradotti di tutta la lingua francese... di piú che Balzac, Hugo, Maupassant, Anatole, ecc... Péguy, Psichari... che anche loro, però, diciamolo pure.. Romain Rolland... "patacca" da matti!... ma spariscono in fatto di insulsaggine, scipitezza, morale, di fronte ai Sister Brother Delly! Ah non c'è dubbio!...

— Vabbè, ma llora quelli che sino insulsi, e che però non ci cavano tanto?... non tanto quanto i Delly? Cosa ne facciamo?... che pure vincono i Goncourt... quei Goncourt che lei, gran genio, si è sempre lasciato scappare in modo pietoso! E gli altri grandi premi?... che cosa mi racconta di quelli?... sino tutti caccole di pecora?...

— No! Io li stimo! E molto! Ma come "patacche"!... sono in ritardo di ottant'anni!...scribono come si dipingeva verso il 1862, alla Grande Esposizione della Medaglia d'Oro... accademici o "para"... perfino antiaccademici!... non importa un fico!... tutto fa brodo!... purché "patacche"!... patacche anarchiche!... patacche pompieriste!... patacche parrocchiali!... patacche!

Credo che mi capisca... però l'esaspero... mi mangerebbe vivo, credo!... ma io non lo calmo di cierto!... ah no no... eh!

— Lei è tanto rincoglionito, professor Y, che bisogna stare a spiegarle tutto!... adesso le metto i punti sugli il ascolti bene quello che dichiaro: gli scrittori di oggi non sanno ancora che esiste il Cinema!... e che il cinema ha reso il loro modo di scrivere ridicolo e inutile... perorevole e vano!...

— Come? Come?

— Dato che i loro romanzi, tutti i loro romanzi, ci guadagnerebbero un sacco, ci guadagnerebbero tutto, se fossero girati da un cineasta... i loro romanzi sono soltanto sceneggiature, piú o meno commerciali, a corto di cineasti!... il Cinema ci ha tutto quello che manca ai loro romanzi: il movimento, i paesaggi, il pittoresco, le belle berte, senza veli, senza peli, i Tarzan, gli efebi, i leoni, i giochi da Circo che sembran veri! I giochi d'alcova che fan dannare! La psicologia!.... delitti fin che vuoi... orge di viaggi! Come esserci! Tutte cose che questio povero tondiculo di scrittore può solo indicare!... smergolare ficcandole nei suoi compitini! Che poi si fa odiare dai clienti!... non è all'altezza! Per quanto patacca si dimostri! Per quanto si accanisca! È surclassato mille!... mille volte!

— Ma allora, secondo lei, al romanziere che cosa gli resta?

— Tutta la massa dei ritardati mentali... la massa amorfa... quella che non legge neanche il giornale... che va appena al cinema...

— Quella lí, può leggerlo il romanzo patacca?

— E come!... soprattutto al cesso, tò!... qui trova un momento per pensare!... che è costretta a occupare in qualche modo!...

— Quanti lettori saranno, questa massa?

— Oh! Il 70... l'80 per cento d'una popolazione normale.

— Accidenti, una bella clientela!...

Lo manda in giugiole il fatto...

— Sí...ma, chè, professor Y! Attenzione! È morfinata dalla Radio, questa clientela! Satura di Radio!... stranita, oltre che ritardata!... vada un po' a parlarle di "resa emotiva"!... vedrà che accoglienza!... la "resa emotiva" è lirica... niente di meno litico del "lettore da cesso"!... l'autore lirico, come sono io, se ne fotte di tutta la massa, oltre che dell'élite!... l'élite non ha il tempo per essere lirica, quella viaggia in macchina, si abboffa, mette su culo, peta, rutta... e riparte!... anche lei legge solo al cesso, l'élite, e capisce solo la patacca... insomma il romanzo lirico non rende... questo non si discute!... il lirismo uccide lo scrittore, coi nervi, con le arterie, e con l'ostilità di tutti... non parlo a vanvera professor Y!... parlo serissimo!... il romanzo a "resa emotiva" è una fatica da non crederci... l'emozione può essere captata e trascritta solo attraverso il linguaggio parlato... il ricordo del linguaggio parlato! E a prezzo di infinita pazienza! Di minutissime ritrascrizioni!... ci provi lei!... il cinema non ce la fa piú!... è la rivincita!... alla faccia di tutte le campagne, di tutti i miliardi di pubblicità, delle migliaia di primi piani... sempre piú in primo piano... ciglia da un metro in su!... sospiri, sorrisi, singhiozzi, che di piú non si può desiderare, il cinema rimane tutto fasulla... non capta mica le onde emotive... è impotente nell'emozione... mostro impotente... e nemmemo la massa è emotiva... sicuro!... sono d'accordo con lei, professor Y... le piacciono solo le pagliacciate a quella! È isterica la massa!... ma è scarsa d'emotività! Molto scarsa!... Non ci sarebbero piú guerre da un bel pezzo, signor professor Y, se la massa fosse emotiva!... finiti i macellamenti!... sí, campa cavallo!...

"Avrà notato, professor Y, che i 'momenti d'emozione' della massa dànno subito nell'isterismo! Nel selvaggio, nel saccheggio, nell'assassinio istantaneamente, per meglio dire! L'indole umana è carnivora..."

— Dunque fu lei perseguitato dai nemici del suo stile?... se ben afferro... da chi glielo invidiava?...

— Sí, caro professor Y!... mi aspettavano tutti al varco!... io mi sono, diciamo, arreso...

— E lei sarebbe l'inventore d'uno stile?... lo sostiene? Insiste?

— Sí, signor professore!... d'una piccolissima invenzione... pratica!... come il gemello da collo... come il doppio cambio per bici...

— Ma adesso lei si svaluta!

— Oh no!... niente di piú... niente di meno!... non ci sono mai grandi invenzioni! Tanto per cominciare! Sempre e solo delle piccole! Professor Y! Mi creda, la natura concede facoltà inventive a un uomo molto ma molto di rado... e anche in quei casi si mostra torchia da matti!... tutti quelli che stanno sempre a baccagliare, che si sentono stracolmi di trovate, non sono che dei sacramenti di buffoni... alienati o no!... noterà che in fatto di invenzioni, per non citare che un gigante nel genere, Lavoisier si è limitato a mettere in numeri quantità di corpi naturali già conosciute molto prima di lui!... Pasteur, per conto suo, non ha fatto che dare nomi a tutto quello che vedeva, anche minimo, sotto la lente... bella storia, eh?

— Sí, ma nel mondo delle Arti non c'è niente di esatto! La prova: la sua trivata emotiva!... trovata?... lo dice lei!...

— Oh, signor professor Y, gli espositori e le Medaglie d'Oro della Grande Mostra del 1862, neanche loro erano convinti dei meriti degli Impressionisti! Il publico poi! D'uno scettico! Il pubblico, per conto suo, non ha mai pensato altro che impiccarli! Gli Impressionisti! E se l'imperatore Napoleone non interveniva, stavano freschi!

— Lei signor Céline, mi ha l'aria di saperla lunga! Allora, tecnica per tecnica, mi spieghi un po' almeno perché gli Impressionisti si sono rivelati d'un tratto? Perché hanno smesso di dipingere, d'un tratto, con il "jour d'atelier"?

— Perché avenano visto delle foto!... che s'era appena scoperta la foto!... gli Impressionisti hanno reagito in modo molto giusto alla foto!... non hanno certado di farle concorrenza!... mica tanto stupidi! Si sono cercati una piccola scappatoia... hanno inventato un trucchetto! Che la foto non poteva metterlo sotto!... non tanto il "plein air", come si sostiene!... non erano dei coglioni, loro!... ma la "resa" del "plein air"!... ecco, allora sí che rischiavano piú niente!... la foto non è emotiva... mai!... è fissa, è frigida... come il cinema... e col tempo diventa grottesca... per forza, come il cinema, solo grottesco... non ci può far niente!...

— Ciò non toglie, vero, che il suo Van Gogh non è mai riuscito a vendere neanche un quadro!...

Dalla rabbia mi sbatte in faccia Van Gogh!

— Sí, ma guardi adesso se è stimato, Van Gogh!... piú dei lingotti!... se fanno faville alle aste, quei quadri che lui non riusciva a vendere!...

— Però il suo Van Gogh è morto in condizioni ben vergognose!

— Ma alle Gallerie gli ha fatto un bel piacere, e ai collezionisti! Rialzi a tutto spiano!... è meglio che le "Suez", il Van Gogh!... non troverà investimento migliore!... che sia morto pazzo, è una buona pubblicità!... e allora? Il fatto è che ci sono due specie d'uomini, dappertutto, in qualunque ramo: gli sgobbatori e i macrò... non si scappa... e gli inventori sono la peggior specie di "sgobbaduro"!... dei dannati!... lo srittore che non fa il puffarolo, il plagiario in tranquillità, che non patacca, è un uomo perduto!... ha l'odio di tutti... da lui si aspetta solo una cosa, che crepi per madargli all'aria tutti i suoi trucchi!... il plagiario, il fraudolento, invece, rassicura il mondo... non è mai granché orgoglioso il plagiario!... dipende in tutto e per tutto dagli altri... gli si può ricordare, per un sí per un no, che è sempre e solo un lavativo... afferra?... e non posso dirle, me, personalmente, quante volte mi hanno copiato, trascritto, trafficato... tranquilli!... sull'olio!... e fatalmente, si capisce, proprio quelli che piú mi calunniavano, che pungolavano i boia perché mi impiccassero... normale!... da che mondo è mondo!...

— Allora è un gran brutto mondo, secondo lei?

— Be', voglio dire che è sadico, reazionario, oltre che baro e gonzo... sta sul falso, naturalmente... solo il falso gli piace!... le etichette, i partiti, le latitudini, non cambian niente!... lui ha bisogno del suo falso, della sua patacca, in tutto e per tutto!... se adesso Van Gogh gli interessa, è per il valore che ha raggiunto e perché il ferro è in ribasso! Sa, per gli srittori, i loro libri non aumentano di valore col tempo!... come le dicevo, gli srittori non hanno reagito al cinema... hanno preso l'aria di persone come si deve, che non dovevano accorgersi... come, insomma, se in un salotto a una fanciulla le scappa un vento... hanno tirato dritto, finta di niente, sotto a lustrare a più non posso!... hanno dato fondo al "bello stile"... al "periodare"... alle frasi "che filano"... secondo vecchia sempre buona ricetta imparata dei gesuiti... un amalgama di Anatole France, di Voltaire, di René, di Bourget... solo ci hanno aggiunto un bel tanto di pederastia... un sacco di trucchi polizieschi... per farsi "Gidiani comme-il-faut", "Freudiani comme-il-faut", "soffioni comme-il-faut"... ma questo sempre sul tipo patacca... non le pare?... solo innovazioni conformiste!... "impegnati" sicuro! Come no?... fino allo scroto!... in tre, quattro, cinque, sei Partiti, sbalorditivi! Assolutamente!... ma cavarsi fuori dal genere patacca, dal quel sacramentismo San Sulpizio!... giammai!... fedeli! E "la formula"!

"Uno qualunque che è stato al liceo può cuccarsi un Goncourt in sei mesi! Un buon passato politico, un buon editore, due tre mamma-santissima un po' dappertutto in Europa, e ce l'hai in saccoccia!"

— Lei si ripete signor Céline!

— Ah, mai abbastanza! Mai abbastanza! La prova: lei non ha capito un accidente!... deve imparare tutto a memoria!... non faccia il furbo!... lei è un ottuso!... non ha capito affato l'essenziale di quanto le ho detto... a chiare lettere!... ripeta un po'!... su, con me!... l'emozione la si ritrova soltanto, e con grandissimi sforzi, nel "parlato"... l'emozione si lascia captare solo nel "parlato"... e rendere attraverso lo sritto a prezzo di sforzi, di mille pazienze che un coglione come lei non sospetta neanche!... è chiato, sí? Chiaro?... il trucco glielo spiego dopo! Ma già da ora tenga a mente almeno che l'emozione fa la ritrosa, la sfuggente, che è nell'essenza: evanescente!... basa misurarsi con lei, e subito bisogna chiedere scusa... sí, eh sí! Proprio scusa!... la troietta non si lascia prender facile!... certo che no!... anni e anni a battere la curva per acchiapparla, e ci vuole della fortuna! Per un tantino d'emozione vibrata, piccola cosí!... piuttosto rara l'emozione, signor professor Y!... e glielo ripeto!... ben piú preziosa del cuore! D'altra parte non è lo stesso lavoro! Corinne si lavorava l'anima bella!... il cuore! Roba che si mette in "periodi" l'anima bella, come le regole... roba da culo l'anima bella, le pare? Un affare di culo! L'emozione viene dal midollo dell'essere, mica dai coglioni o dalle ovaie... il lavoro sull'emozione ti mette l'artigiano all prova, che non gli resta neanche piú tante de campare... se ne strabattono i goncourtisti! E tutti i patacchisti piccoli e grandi! E i grandi possidenti dell'anarchia! Eh! Si guardano bene dall'emozione quelli, come dalla caca a letto!... Quando il "modo emotivo" sarà diventato pubblico... è fatale!... l'accademia sarà piena di grana... sarà la fine dell'emozione... tutti quelli che vivono sulle patacche, le faranno "ritratti emotivi" a 100 luigi la botta!... fra cent'anni, diciamo! Avranno capito tutti... per me è già tutto capito!... mi hanno messo l'etichetta di "attentatore", stupratore della lingua francese, poco di buono nemmeno pederasta, e nemmeno pregiudicato comune, fin dal 1932!... glielo possono dire tutti i librai, preferirebbero chiuder bottega piuttosto che avere, anche solo in magazzino, una copia del mio *Viaggio*! Anzi, dal 1932 ho peggiorato le cose, sono diventato oltre che stupratore, traditore, genocida, uomo delle nevi... l'uomo di cui non si deve neanche parlare!... che però si può rapare! E come! A zero! Di cosa si può lamentare questo neca di neca?... non esiste, il maledetto! Mai esistito!... Denoël l'hanno assassinato, all'Esplanade des Invalides, aveva pubblicato troppe cose... ebbene io sono morto con lui!... piú o meno!... hanno ereditato del mio, come si usa!... saccheggiato in tutti i modi!... naturale no? Può trovarne quanti ne vuole di assassini belli feri... ce la metto anche lei, qua, ce la metto... che ridere! Ma mica tanti i ladri vantoni... il ladro è piuttosto vergognoso... l'assassinio è glorioso, il furto no... quanti di quegli articoli non mi hanno mostrato dove gli assassini si mordevan le dita per avermi mancato... d'un pelo!... (sa, stile tipo "Memoriale")... sono dei Napoleoni al cubo, gli assassini che ricordano... quanti di quei Bernadotte, di quei duchi d'Enghien hanno mancato!... invece i ladri che discrezione!... un Thénardier è raro che si vanti! Sarebbe un bel godiolo se un tizio si mettesse a srivere "Io le ho rubato questo... e quest'altro... e ho rivenduto tutto, a tanto!"

— Lei, in ogni modo, almeno mi sembra, è vanitoso come un pavone!

— Alé! Faccia l'insolente!... ebbene, stia a sentire professor Y, adesso lei la metto a posto una volta per tutte: le opinioni degli uomini non contano un fico! Dissertazioni! Bolle di sapone! Troiate!... puaah! Conta solo la cosa in sé! L'oggetto! Capito? L'oggetto! È riuscito? Non è riuscito?... per la madonna! E il resto? Accademismo!... mondanità!

— Eh, ma cavolo! Eh, ma cacchio! Lei si lancia nella dialettica!

— Non c'è cavolo o cacchio che tenga!... niente di niente! Niente dialettica! Mi è venuto nel metrò! Non c'è dialettica nel metrò!

— Si fa beffe di me?

— Macché beffe di lei, professor Y! È per il fatto dell'intervista... perché glielo devo dire chiaro e tondo... mi aspettavo ben altro da lei!

— Che cosa vorrebbe da me?

— Conversiamo dunque su qualcosa di attuale... che interessi entrambi!

— Mi parli di Gallimard... è avaro come si dice?

La domanda mi sembra indiscreta.

— Pensa alla nostra intervista?... stia pur certo che lo pagano mica il prezzo giusto!... i ricchi pagan mica mai il prezzo giusto!... con loro non c'è via di mezzo, o si fan succhiare l'anima o ti borseggiano!... non c'è via di mezzo! Sono dei mostri!... mostri di natura!... ti mandano al macello per un debito di venti soldi, ma l'ultima delle troie gli fa cacciare milioni senza fatica!... loro godono a farsi derubare!... ma badi!... godono secondo come tira la loro bussola balenga!... si eccitano a farsi spillare il sangue!

— Com'è triste!

— La bussola balenga! La legge dei mostri! Come? Non lo sapeva?

— Io no!

— Parliamo d'altro!... torniamo al nostro tema: lo stile!... si parlava dello stile, professor Y! Io le facevo capire... cercavo di farle intendere che l'inventore d'un nuovo stile è solo l'inventore d'una tecnica! D'una piccola tecnica!... la piccola tecnica regge alla prova? No? Basta! Non c'è altro!... è chiaro!... il mio truco è *l'emotivo*. lo stile "resa emotiva" vale qualcosa? Funziona?... io dico di sí... cento srittori l'hanno copiato, lo copiano, lo trafficano, lo plagiano, lo incipriano, lo arrangiano!... e tanto e cosí bene che, dài oggi... dài domani!... il mio trucco diventerà presto anche lui "patacca"... trent'anni... quarant'anni di tempo!... prima che l'Accademia ci si metta! Se ne rimpinzi!... una botta... due botte... tre quattro botte al Dizionario!... e poi accoglerà nel suo seno soltano cose "in emotivo", ed "emotivi"!... *sic transit*... destino di tutte le invenzioni!... piccole o grandi!... arraffate, contraffazioni, sgraffignamenti, scimmiotterie, livori, per cinquant'anni... e poi: baracca!... tutto in balia del pubblico! La farsa è finit!... l'inventore, lui, schiattato da un bel pezzo! Ma è poi esistito?... ci si chiede... c'è il dubbio... era quel florido biondone di cere foto? Oppure quel magrino zoppo, come alcuni sostenevano?... certuni raccontano che frustava le signore, torturava i gratti quel florido biondone delle foto!... che invece il magrino zoppo, lui, andava matto per le croste di pane intinte in certi posti... e di idee era alquanto mormone!... mentre il gran biondo... (era poi lui?)

passava la domenica a soccorrere coccinelle e libellule che annegavano... che era la sua univa distrazione... parlano!... parlano!... ma che cazzo c'entra?... domando e dico! Soltanto la piccola invenzione che conta!... idem!... idem nello sport!... pensi! Il crawl!... la rana!... crollano i record!... il crawl trionfa!... questa piccola invenzione che è il crawl!

— Vabbè, sí, ascolto... ma non è molto interessante!...

— Ah, è questo che pensa? Ah, cosí? Ma non c'è niente di molto interessante, signor professor Y! Se lo scriva! Prenda nota!

— Che nota?

— Andiamo andiamo!... che senza le guerre, l'alcool, l'arterial tensione e il cancro, gli atei uomini della nostra Europa creperebbero di noia!

— E negli altri posti?

— In Africa hanno il paludismo, in America l'isteria, in Asia hanno tutti fame... e in Russia sono tutti maniaci! La noia non può far presa su tizi cosí tormentati!...

— Eh, che diamine!

— Si fa beffe?... io cerco di interessarla! Faccio il pagliaccio!... non siamo qui per un'intervista? Nooo?... porco cane!

— Che ne pensa di Aristofane?

— Aristofane, lui sí che era qualcuno!

— Ché cosa ha inentato, secondo lei?

— Il fulmine! Le nubil!... la retorica!

— Lei consente che nell'intervista io la descriva come un maniaco? Ossessioonato dalle trovatine?

— Ma si figuri!... faccia, faccia pure!... quante se ne sbaferebbe delle mie "trovatine", se gliele "pubblicitassero" come si deve! In grande stile!... eh sí! Le farei fare indigestione delle mie trovatine!... fino a schiattare!... dei miei tripli cambi per bici! Tutto! Di tutto! Se tutto quanto le fosse presentato "all'americana"! "neon"!

— Vortei vedete anche questa!

— Si è già vista, stia tranquillo!... si sono già ingoiati tutte le vaccate... se ne sono rimpinzati... e ne vogliono ancora!... basta che abbiano un buon lancio!... sfrontato!... massiccio!... l'ha detto Voltaire!...

— Eh? ... Voltaire?

— Sí, Voltaire!... e il clima è lo stesso!... clima da faccia tosta atomica!... ci siamo dentro!

— Come?

— Toscanini fa spartire Beethoven! Meglio! È Beethoven! Presta il suo genio a Beethoven!... una ventina di guitti rifanno Molière!... lo *ritranscriptand*! La nota Pustine fa la parte di Giovanna d'Arco... cosa dico? È Giovanna d'Arco!... Giovanna d'Arco? Mai esistita!... esisteva la parte, ecco tutto! La parte non aspettava che la Pustine!... questo è quanto!

— Dice davvero?

— Proprio davvero!... tenga a mente professor Y, quello che le dico... e badi che lo penso!... la pappa l'è fatta!

— Basta! Basta!

— Macché basta!... trionfa il fasullo! La pubblicità bracca, branca, perseguita tutto quello che non è falso!... il gusto dell'autentico s'è perduto!... io insisto! Sí insisto! Faccia caso... si guardi intorno... ha degli agganci?... gente in gamba... dico in gamba, cioè col patrimonio! Che si possono comprare donne quadri e ninnoli!... bè, questa gente in gamba la vedrà sempre buttarsi sul fasullo, senza meno!

Come il maiale che scova i tartufi... I prolet idem, badi bene!... per loro c'è l'imitazione del falso!... si comprano l'imitazione del fasullo... la patacca "col ritocco"... Guardi, per esempio, professor Y, senza tirar fuori la politica, supponga che un bel giorno le capiti tra capo e collo di venire epurato... "epurato", vero, vuol dire prima di tutto derubato... e che cosa le arraffano in primis? Su che cosa si buttano i suoi epuratori? Prima di tutto? Quando saccheggeranno per la prima volta la sua amata dimora? Ma su tutte le sue porcherie, perdinci! Tutto quello che lei oserebbe appena mostrare a casa sua... e le cose buone, quelle gliele bruciano!... a me m'hanno bruciato sette manscritti!... sette manoscritti!... è passato di lí l'istinto popolare!... e passerà pure da casa sua! So quel che mi dico!... i saccheggiatori hanno gusti da maiali!

— Lei si ripete!

D'ocordo... d'accordo e con ciò?... ma lei quante righe ha scritto? Mi dica?

Lui conta... non fa un gran mucchio... riconta... un'intervista deve essere di cento pagine!... come minimo!... come minimo.

— Un po' di brio professor Y! La prego!... si svegli! Se non lo scuoto, parola che s'addormenta!

— Professor Y, lei è un rammollito!

— No! Non è vero!

— Sí! Sí! Un cagaculo di quelli!...

—Lei mi offende!

— Sicuro! Sicuro! Se lo merita! Lei chiude gli occhi su ciò che accade!... o mi fa l'innocente putacaso?... o invece è complice in tutto e per tutto? E ben piazzato nel giro? Forse eh?... è un cinicp, eh? Una lenza!

— Continui a parlare!

— Quante righe?

Lui conta.

— È sempre un po' smilza!... parliamo! Parliamo! Le parlavo poco fa di Van Gogh... mettiamo che lui ritorni... che ricompare... che si ripresenta con i suoi quadri... lo tratterebbero esattamente tale e quale... come in passato!... lo butterebbero via come un pesce marcio! Non se troverebbe di piú, di collezionisti!... al Salone non rimedierebbe neanche dieci scudi! Cosí impara a prender per il culo la gente!... a credersi un Van Gogh!... lui dovrebbe risuicidarsi immediatamente!... oppure prenda Mozart, professor Y!...

basta parlare di pittura, parliamo di musica!... a quante pagine è arrivato?...

Lui conta.

— Si trova divertente, lei?

Mi chiede.

— No, mica tanto!

— Si trova spiritoso?

— Ah, nient-affatto!

— E trova sì proprio tanto divertente chiamarmi: professore?

— Ah no!... No, no, no!... mi avevano detto!... Paulhan mi aveva detto...

— Ma è una sciocchezza! Via! Assolutamente falso!... proprio, questa sí che è bella!... io mi chiamo Colonnello Réséda!... neanche per sogno: professor Y! Grottesco! Grottesco!

— Oh!... Colonnello Réséda?... ma perché?...

— Sono clandestino!

— Clandestino?

— Sí, mi cammuffo!... devo farlo! Sst!... non se n'è accorto che ci guardano?... che tutti intorno ci scpiano?ci ascoltano? Sst! Sst!

Macché! Io non vedevo niente... proprio niente!... solo due disgraziati laggiú, lontano... quattro panchine piú in là... era fissato l'ostrogoto! Ma chi se ne fotte?... conta niente! Ostia! Io ce l'avevo come intervistatore!... ce l'avevo! Mi è andata anche bene! Che fosse anche il parrucchiere degli zuavi! Mi dicevo... e vanne a trovare un altro, magari anche piú cretino!...

— Parlerò piano Colonnello... le parlerò all'orecchio... ma stia attento bene!... sto per confidarle in tutta confidenza delle verità essenzialissime!

— E sia! L'ascolto!

— Adesso le rivelo una cosa... apra le orecchie Colonnello! La verità essenziale sul mondo d'oggi: è paranoico!... Ah sí, sí! Paranoico!... gli ha preso la follia presuntuosa! È cosí Colonnello, è cosí!... lei che è dell'esercito, Colonnello, vada un po' a trovarmi un sottufficiale in tutto l'effettivo! Solo generali!... e che si trovi piú neanche un casellante in tutte le ferrovie? Solo ingegneri-capo! Ingegnere-capo smistatore! Ingegnere-capo facchino!

— Sí, sí, proprio cosí!

— Guardi il teatro... prendiamo il teatro per fare un esempio... non c'è contadinotta scesa fresca fresca dal treno, tutta burro e latte dalla nascita, che dopo tre lezioni da Brichantzky (in Passage Elysée-des-Beaux-Arts) già non sia decisissima: canzoni, ballo, dizione, a ramengo tutto il Repertorio!... inutile strologare! Le cose stanno cosí... vada un po' a fargli delle critiche!... vedrà lei il benvenuto!... queste signorine non appartengono piú al suo mondo!... sono dentro al mondo paranoico!... lei le esaspera, tutto qui!... lei, le sue osservazioni! La malattia paranoica devasta città e campagne! L'"io" fenomenale s'ingoia tutto!... niente che lo fermi!... vuole tutto! Mica solo Arti, Conservatori, anche i Laboratori! E le Scuole Comunali poi! Gli scolari non si salvano e i professori nemmeno! Niente che si salvi!... docenti, scolari, bidelle, portinaie fan tutt'uno!... sindacati-paranoia!... come passano il tempo a scuola gli alunni, i professori?... mettono a punto i loro diritti a tutto!... alla pensione... alle vacanze! Al Genio! Alla Medaglia d'Oro! A tutti i premi di tutte le giurie!... a tutti i seggi delle Accademie!

— Nessuno che richieda un posticino nel reparto agitati?

— No, Colonnello! Mai!

— Mai lei c'è stato, lei al reparto agitati?

— Eh sí che ci sono stato! Io parlo con cognizione di causa!

— Il suo tipo di pazzia, vero lei? È l'invidia?

— Eh sí, proprio, Colonnello! Quando vedo tutti questi grandi scrittori che hanno saputo beccarsi una bella fetta di torta... in mezzo a quali Diluvi lo sa Dio! E mica bagnati niente, eh?... neanche un'unghia!... gran draghi compagnoni!... mi cascano le braccia!... da starci male... dall'invidia, Réséda!... lo confesso!... glielo confesso!... ma parliamo seriamente Colonnello!... quante pagine?...

Lui riconta... fan neanche cinquanta!... ha contato male!

— Continuiamo!... le dicevo: questi scrittori sottili agili, di cui sono invidioso da non dire... è tremendo... si fanno girare uno... due film al mese!... e per le interviste poi, Colonnello! Che interviste!... da cavarsi il cappello!... a colori!... in bianco e nero!... denudati!... depilati!... microfono qua!... microfono là!... a casa!... fuori casa!... da Titina!... in vacanza!... Al Seminario!... in piscina!... in fondo al burrone!... a casino!... tra i Papua!... sotto un Papua!... a cronometro!... al Giro di Francia!... via anche loro!... conta solo che goda il loro caro "io"!... che supplichi!... implori! Rigoda!... si prodighi!... si riprenda! Sbrodoli!... s'imbrodoli!... sussurri... parli a Dio!... non gli parli piú!... ritroseggi!... che questo mondo gli stia tutto appresso ansimando... che petizioni perché le loro parole vengano raccolte!... allora sí, vero Colonnello? Che si può parlare d'intervista!... lei!... ma lei mica esiste, Colonnello! Sabota l'intervista, lei! Ecco! Semplice! Lei sabota! In ginocchio Colonnello! In ginocchio! Mica fare il tonto, con la testa tra le nuvole! No caro mio!... ma dove sono andato a pescarla, lei? Questa è un'altra carognata di Gaston; lei è sprovveduto!... supplicare mi deve!... adorare le mie parole!... e lei non adora un accidente!... goliardo! Maleducato! Lei l'hanno mandata apposta, ma chi? Questo mi chiedo... chi? Lei non me lo dice, naturale!... allora glielo dirò io!... glielo dico, Colonnello!... glielo grido!... il sabotaggio continua! Non mi si vuole me al "Figaro"!... e neanche "all'Humanité", Cristo d'un Dio, "Pravda"!... se Léon adesso fosse vivo sarebbe ancora li che urla... "Ve l'avevo detto io! L'avevo detto!... l'intesa! L'intesa! La collusione è evidente!... la congiura è in pieno svolgimento!"

— Ma lei provoca, parola mia!

Si sbalordisce!

— Macché! Macché! Grido quello che è vero! Gli altri, gli srittori che piacciono, vengono supplicati, riveriti! Ogni parola che gli esce di bocca!... persino i loro silenzi sono riveriti! I loro iintervistatori sono da urlo!

— E loro che cosa gli dicono?

— Gli dicono che sono stupendi!

— Allora come lei? Tale quale!

— Ehi! Ma io ho inventato un truccheto!... e loro? Un bel niente!

— Ebbene io so come smontare le sue folli pretese! Vuole sapere quello che si pensa in giro? Quello che pensano tutti?... che lei è un vecchio sclerotico, strolago inacidito, presuntuoso, finito!...

— Dica pure, , dica pure Colonnello! Non faccia complimenti!

— ... e che andrà di nuovo in galera! Ecco quello che dicono!

— Ah se lo so! Se lei potesse sbattermi dentro, Colonnello! Non verrei piú fuori!

— ... e che farà ancora delle balordate!

— No! No, no, Colonnello! Non ci speri! Solo piccole invenzioni!...

— Ma dica un po'! dica un po'! a proposito di maniaci!... lei sí che è un bel maniaco! Un bel megalomane!

— Ah! Se lei avesse conosciuto Courtial, allora!

— Ma lei non è un grande artista!

— No!... è chiaro! Si saprebbe in giro!

— Lei non è un grande scrittore!

— Certo!... neanche quello!... altrimenti i giornali di moda lo scriverebbero!

— Ce n'è voluto del coraggio, eh? Al signor Gallimard per pubblicarla!

— Ah, sí, sí! Non è grandossimo? Non è incradobile? Il coraggio del signor Gaston?

— Che cosa si dice di lei alla NRF?

— Là sono stanchi, tediati... senza saper perché... era uguale sulle galere, gli ufficiali delle galere... stanchi, senza perché... vedevano troppi galeotti!... e loto non facevano niente... gli dava sui nervi, questo fatto... li deprimeva... li rendeva idioti integrali...

— È lo stesso alla NRF?

— Già, lo stesso!... sfessati, snervati, e non san perché...

— Ma ci sono dei grandissimi artisti alla NRF!

— Sí, giuraddío!... dei chili!

— E che cosa fanno questi grandi artisti?

— Si lustrano i loro papiri... mettono tutto in un mazzo, alzano il mazzo, e piazzano il loro mazzo in poltrona...

— Poltrona di che genere?

— Poltrona da Accademia!... da Accademia Goncourt... da Accademia del Lungosenna... da Accademia Caffè-bar... da Accademia dell'argot... da Accademia di Viaggi... da Accademia Capra e Cavoli... da Accademia Bikini... da Accademia di Polizia... da Accademia Buste e Bolli... da Accademia dei Cimiteri...

— Allora per lei è tutto patacca?

— Come no? Andiamo andiamo!... il pubblico è bestia, minorato psichico e via dicendo... ma per la faccenda dell'istinto mai che si riuscirebbe a fregarlo neanche d'un micron!... d'un quarto di micron sul suo ron-ron! Sul suo ron-ron sempre uguale e patacca!... basta un decimo di tono in piú o in meno!... e il Pubblico ti branca! Ti sbrana!... Patacca o Morte!... è cosí!... Bellezza Eterna o Morte!... questo è il pubblico! Tali furono, conformi, adulati, medagliati, osannati, e ancora sono, reincarnati in nuove spoglie: Rosa Bonheur, Cherbuliez, J.-P. Laurens, Grévin, Delly, Pont Alexandre, Montheus, Lanson... nastrini a tutto spiano!... e mica farsi incantare dai cosiddetti révoltés, engagés, spaccamonti mai visti! Terremoti innovatisti!... acqua fresca, Colonnello!... acqua fresca!... neo-Grévin!... neanche originali come somari!... tradizionali!... un po' di muco e qualche feto al posto del solito mazzo di fiorti! Tutto qua!... il pubblico ci si ritrova che è un piacere!... "Ah! Ah!" esclama, il pubblico... che aquile! Qual futuro ci svelano! Per l'Olimpo! Che sacripanti! Che ptacche al sangue! Le loro Muse partoriscono! Giuro! Partoriscono! Questa sí che è Arte al di là dell'Arte! Al di là delle parole! Al di là di là del Sé! Question innovatisti cagano idee!... che messaggi!... dacci un occhio!... loro ci liberano! Ci trascendono! Ci spianano un'anima nuova!

—Ciò le sembra interessante?

— Macché! Macché! Però sono tutte righe in piú... conti conti!

Lui conta.

— Mm, non c'è male... andiam meglio...

— Continuiamo!... qualche esempio del nuovo genio: *Ha sbattuto via la nonna... fatto a pezzi il nonno!*

— Non è granché!

— *Non chiava piú la moglie... si sposa col fratellino...*

— Come come?

— E non le dico quel che capita tra nonno e nonna...

— Perché perché?

— Correremmo il Supremo Periglio! Nella trransubstanziazione dei Sé!... un po' troppo al di là dei confini del genio!... nel "centro-anti-ego-sublimato"!

— Crede proprio?... crede proprio?

— Sí! Conti le pagine!

Conta... 64!...

— C'è un errore, Colonnello... erano di piú prima!...

— Ma no... ma no!

— Sí, sí! Bè, insomma... continuiamo: la patacca è in ebollizione!... il gran momento è arrivato!... i tipi di mondo, tra una vacanza e l'altra, quattro "week-ends" di mezzo, tre auscultazioni dal medica, due abboccamenti dal notaio, tre salti dal banchiere, una puntata agli Articoli domesticin, si sentono presi da un "non so che"... un che di nuovo!... una sorta d'inquietudine!... "Ha visto!... ha visto?... mia cara! Mia carissima! è mistico!... che cos'è?... cos'ha visto? Non ha visto quella "nonna"?... vale 17 milioni, cara mia!... e ha quattro sessi in fronte!... mica cinque! Mica!... e ieri dicevo: cinque! No! Quattro! Portizio non c'è mai arrivato a tanto!... Portizio chi? Portizion il fuegino? Quello che dipinge soltanto all'uranio? Appunto! Ebbene, per sei milioni in piú gli mette in bocca anche un "si"!... alla nonna? Síí! E viola per giunta!... l'ha giurato! Ma no! Non mi dica! Sí! Sí!..."

— Ce l'ha coi pittori adesso? Non basta con gli scrittori?... è proprio vero che lei è un bilioso, un fallito! In tutto e per tutto! E la musica? Che cosa le dice la musica?

— La musica classica?... roba da giostra!... la musica moderna? Piena d'odio! Di tutto l'odio dei gialli e dei neri contro la musica dei bianchi!... gliela scassano, gliela sconquassano tutto! E sarà una cosa sacrosanta!

— Stia attento! Non parli cosí forte! Ci ascoltano!

— Ma è una mania la sua, Colonnello!...

— Parliamo d'altro!...

— Se è cosí, di cosa parliamo? Di cuscinetti a sfere?... di gemelli da collo?...

— Altro!... altro!...

— Quante pagine ha già?

— ... 72!... preferirei sull'Accademia...

— Non hanno niente da inventare all'Accademia... blablabla e basta! In bella forma! Ce n'è solo uno che fa scompisciare là dentro, Mauriac... l'ho visto travestito da mantide religiosa!... anzi, eran le mantidi travestite da Mauriac!... e queste mettevan su un ballo mascherato!... un invubo!... tutte che imitavano il Mauriac!... e lo rifacevano alla perfezione!... andavano in processione "alla Mauriac"!... si andavano a prendere il loro Nobel!... l'ho visto a casa mia il Mauriac, in rue Lepic!... m'è rimasto impresso!... faceva tanto mantide!... proprio!... non aveva neanche un po' di fronte... gesti da insetto... me l'aveva portato Fernadez... "È François Mauriac?" non ci volevo credere... "Ehi, di' un po', ma non ce l'ha la fronte quello?... che gli hanno fatto, l'operazione?... No!... macché!"... Fernandez lo conosceva bene... "Ma allora è di nascita?... è microcefalo?..." fatto si è che non aveva lobi frontali!... Fernandez che lo conosceva bene mi chiedeva cosa pensavo della sua voce... "Credi sia un cancro?..." ce l'aveva roca... capirà che aiuto è stato questo per farlo entrare all'Accademia!... "Gli restano solo due... tre mesi...!" apriti sesamo!...

— E lei, lei crede di inventare qualcosa sbeffeggiando l'Accademia?

— No di certo! No di certo! Da Richelieu in poi, pensi un po'! non si fa che spacciare grand ghignate sull'Accademia!

— Ma anche lei è frusto! Glielo dico io! Ci sono accademici meno rimbambiti di lei!

— Forse ha ragione, Colonnello Coso! Ma quante pagine abbiamo messo assieme?

— Riconto... 80!... che cosa le hanno fatto all'Accademia? Spieghi!

— Un bel niente!

— Le piacerebbe farne parte?...

— Ah no! Questo poi no!... conciano i loro vecchioni come scimmie per far sganassare la galleria... e quei Goncourt poi, ancora piú crudeli, li condannano a non esistere neanche...

— Devo mettere tutto questo nell'intervista? Crede che ciò interessi?

— Forse no... ma tant'è!... Gaston mi ha detto: "Si muova! Che parlino un po' di lei!..." io faccio quello que posso...

— E se tornassimo al suo "emotivo"? al suo preteso "stile emotivo"?

— Crede che interessi?

— Oh non credo... no!... proprio! Posso soltanto dirle una cosa... posso dirle un po' quel che si pensa del suo preteso "stile emotivo"... in tutti gli ambienti... ambienti popolari... ambienti artistici!... ambienti militari!...

— Continui! Finalemente che mi dà una mano!... ci día sotto!

— Il parere delle persone colte... e di altre persone di tutti i circoli!

— L'ascolto! L'ascolto!

— Sui suoi sporchi romanzi... e su di lei... e sui suoi modi...

— Coraggio!

— Sulle sue arie di modestia... sul suo far le viste di non "stare al gioco"...

— Forza! Forza!

— Il peggior Tartufo delle lettere francesi! Ecco qua!

— Eh! Ma mi aspettavo di meglio, mi aspettavo di meglio da lei!... Colonnello!... tutto questo me l'hanno già detto!... dieci volte!... centp volte!... e in termini assai piú vivaci!... vetriolosi!... lei, lei è piatto!

— Davvero?

— Già sentito tutto!...

— E come elogi?... sentiamo un po', sugli elogi... le hanno mai detto niente d'elogiativo?... ha mai fatto nulla di lodevole?...

— Ah si! Colonnello! Certo che sí! Vedo, Colonnello Réséda, che comincia a capirmi!... ad afferrare! Bravo lui! Non crevada mica di dir cosí bene, lei eh?... svariate volte fui degno d'elogio! L'ultima volta davanti a Gibilterra!

— Alto là! Prendo nota... momento!... ecco! Taccuino! Matita!...

— Quante pagine?

— 90!... allora Gibilterra?... some sarebbe Gibilterra?

— Già, Gibilterra! Colonnello!... davanti a Gibilterra!... abbiamo colato a picco un avviso inglese, il *Kingston Cornelian*... l'abbiamo preso in pieno! L'abbiamo fatto colare a picco equipaggio e tutto... noi a ventidue nodi! Pensi un po'! 11 000 tonnellate! Non ha fatto neanche beo! Noi eravamo grossi, lui piccolo, non ha avuto il tempo!

— Ebbé. Ebbé?

— Maché ebbé! Medico di bordo del *Chella*! Splendida unità, quel *Chella*, Colonnello!... tutta armata da poppa a prua! L'abbiamo fatto in due, quello spudorato! Tutte le sue granate sono esplose!... ci ha fatto un graffio di sedici metri! Sedici metri di lunghezza di scafo!... lui però, un buco nell'acqua, se vuol saperlo! Equipaggio e tutto! Equipaggio e tutto!... non è mica sempre Trafalgar!... avevano un bel minacciarci col Consiglio di Guerra marittimo!... troppo tardi! Troppo tardi! Noi filavamo a ventidue nodi, Colonnello!

— Non parli cosí forte! Piú piano!

Mi bisbiglia.

— C'erano testimoni?

— Direi! E come! Giudichi lei! Il fatto è successo alle undici di sera... a un tiro di schioppo dalla fortezza!...

almeno cento riflettori su di noi!... la fortezza al completo! C'eran piú luci che a Epinay!... agli Studi di Epinay!

— Bella roba!

— Una vera inquadratura!...

— E se ne vanta?

Non prendeva piú appunti...

— No!... non me ne vanto, ma è cosí!... è cosí che sei anni dopo mi sono beccato due anni di reclusione nella prigione di Vesterfangstel, Baracca K, a Copenaghen, in Danimarca... insieme ai "Danesi condannati a morte"...

— Ben le sta!

— No! Galuppo lofiasso! No e poi no! Proprio!... a me mi hanno fatto fare altri cinque anni in riva al Baltico in piccole celle speciali... con 20... 25 gradi sotto zero!... a spese mie, eh?... a spese mie!

— Perché?... perché?...

— Non si sapeva... per principio!

— Sono cosí i Danesi?

— Sí, ma ai turisti non glielo dicono!

— E i turisti non se ne accorgono?

— No! Quelli si fanno intortare e poi godono! Non c'è caio piú coglione d'un turista! Quando partono sono tanti rodomonti, pieni di pretese... e tornano inditro piú rodomonti ancora e con piú pretese!... imbriacati con gli imbonimenti delle Agenzie...

— E i Danesi di cosa gli parlano?

— Di Andersen, Amleto, Kierkegaard...

— Che cos'hanno d'altro secondo lei?

— Dampe! (Jacob Jacobsen) il loro Mirabeau, che hanno condannato a morte, e poi vent'anni in buiosa!

— Non ne parlano mai di questo Dampe?

— No, mai!... non ci troverà neanche un viottolo... una viuzza... una targa a suo nome...

— Lei ha detto, da qualche parte, mi pare, che nelle prigioni danesi ne ammazzavano di prigionieri?

— Altroché!

— Ha delle prove?

— Altroché! Ma non è sicuro per questo che sono diversi dagli altri popoli!... oh no! No no! In tutte le prigioni del mondo l'assassinio è normale, rituale!...

Gli scappa da ridere!...

—E verso che ora, se è lecito?

— Verso le undici... mezzanotte... Colonnello!

— Com'è informato!

—Ah questo sí! Lo può dire! In tutti i particolari!... "pip-celle"... le chiamano cosí lassú... 12-13, Colonnello! Le celle 12-13! Imbottite di cauccíu! Badi bene!... ai turisti non gliele mostrano!...

— Parliamo d'altro! Ci ascoltano!... parliamo un po' della sua tecnica!

Riprende i suoi appunti... i suoi fogli... non ne può piú... si vede...

— La sua tecnica?... sí... la sua invenzione!... ci tiene alla sua invenzione, eh? È il suo "io" ficcato dappertutto, la sua invenzione!... che bella trovata!... "l'io" perpetuo! Gli altri sono un po' piú modesti!

— Colonnello Colonnello! Ma come!... io? La modestia in persona! Il mio "io" non è per niente audace! Lo metto avanti con cautela!... mille prudenze!... con infinita precauzione lo copro sempre interamente di merda!

— Bello! Ne può andar fiero! Allora a cosa le serve questio "io"?... questo "io" fetidissimo?

— È la legge del genere! Niente lirismo senza "io", Colonnello! Scriva, prego... la legge del lirismo!

— Benedetta legge!

— Lo può dire! "l'io" costa molto caro!... lo strumento più costoso che esiste! Soprattutto comico!... "l'io" fa mica tanti complimenti col suo proprietario! Soprattutto lirico strambo!

— E perché mai?

— Lei scriva! Scriva sempre! Dopo si rileggerà tutto... *bisogna essere un tantino piú che morti per far ridere sul serio!* Voilà! Devono averti tagliato fuori, *distaccato*.

— Ah! Ma senti un po' questa!...

— Già tutto sentito!

— E allora gli altri? Gli altri?

— Fregano!... fanno finta d'essere distaccati ma non lo sono... ah! Neanche un po'! o porci goduriosi o mantidi religiose!... farisei profittatori in tutto!

— Un "io" alla merda e per di più "distaccato"?... È questa la formula?... se ho capito bene...

— Non è mica gratis, Colonnello!... no! eh no! Mica gratis!... non fraintenda: sembra!... sembra solo!... ma quel che non costa!... bisogna pagare!...

— Sarà! Ma come risultato...

— Forza, Colonnello! Forza!

— Il suo amato "ombelico-centro-del-mondo"... il suo insopportabile "io" perpetuo... gli rompe un bel po' le scatole al suo lettore!

— Questo sí che è parlar chiaro!... lei mi fa arrossire, caro Colonnello Réséda! Sí, arrossisco, arrossisco per lei!... mai possibile che un uomo della sua erudizione! Non abbia ancora capito che il dramma di tutti i lirici, comici o tristi, è quel loro "io" lì, sempre!... proprio! In tutte le salse!... la tirannia del loro "io"... non è che questo "io" li estasi, giuro!... ma come ci si scappa "all'io"?... la legge del genere!... la legge del genere!...

— Perché?... perché?...

Lui butta giú... o per meglio dire, scrive...

— Per esempio, Colonnello, prendiamo lei! Lei lo farebbe un bagno in mare con cilidra e marsina? No, vero?

— Non vedo il nesso...

— Il lirismo e il mare! E lui non vede il nesso!... non le sto a spiegar tutto, Colonnello! Ci vorrebbero delle ore!...

— È una storia sporca?

— Sí e no... non bisogna star a fare cavallin do do a metà strada!...

— Ma cosa mi racconta?

— Precisio... se lei fosse un artista da salotto, per i salotti, i patronari, le cellule, le ambasciate, i Cinema, come si presenterebbe?... in abito scuro, perdnci!... in alta uniforme!... chiaro! Pataccato!...è indispensabile!... ùa se le hanno apprioppato l'etichetta: lirico?... lirico nato?... lirico vero?... allora non vale piú!... dov'è il vestito per il suo naturale?... a nervi nudi bisogna lanciarsi, farsi avanti!... a nerdi nudi!... e i suoi!... mica degli altri!... piú che a fior di pelle!... proprio nudi!... piú che scoperti!... nudi... e col suo "io" tutto in fuori!... intrepido!... e niente bleffate!

— Prendo nota.

— Sí, Colonello! Lindecenza! L'esibizionismo!

— Bella roba!

— Ah, è la fine del gigione!

— E lei per giunta sarebbe anche inventore?

— Certo certo... tutti che mi saccheggiano! È la prova! Che io sia lirico, lascerebbero anche correre... ma lirico comico?... niente da fare!... assassinio garantito!

— Il lirismo non è tanto francese!

— Ha ben ragione, Colonnello! I Francesi so dei tali vanitosi, che "l'io" degli altri li manda in bestia!...

— E gli Inglesi?... e i Tedeschi?... e i Danesi?... anche loro s'inalberano per "l'io"?... "l'io" altrui?... come dice lei...

—Bè, a pensarci bene... se ci rifletto... forse sono piú sornioni... piú discreti... niient'altro!... meno nervosi!... ma questo è universale: piace a nessuno "l'io" degli altri!... Cinesi, Valacchi, Sassoni, Berberi... idem!... lo stesso per la cacca, avrà notato... ognuno lo sopporta che è una meraviglia, l'odore della sua cacca, ma l'odore della cacca di Estelle, che pure lei adora, a quanto dice, le riesce molto meno gradito!... che subito si metterebbe a urlare "Aria! Aria!"...

— Ma lei allora è prorpio un'immondizia vivente per principio!... il suo lirismo è solo una scusa...

— Mi creda, Colonnello! Unsulto piú insulto meno!... dopo che Cesare l'hanno messo fuori legge, gli capitano tra i piedi solo assassini... non c'è neanche bisogno d'esser Cesare!... alé! Via!... "fuori legge"! mi hanno rubato tutto!... a me, che le stro parlando!... e poi mi hanno fatto un sacco d'accuse! A me che le sto parlando! Soprattutto i miei familiari!... mi hanno dato dell'assassino!... me l'hanno scritto!... e, si tenga forte: assassino di mia madre!... quindi, vero, Colonnello?... mi può sbattere sul muso quello che vuole!...

— Che cosa ha fatto alla sua famiglia?

— Niente di niente!... ero in prigione...

— Il motivo, allora?

—M'avevano derubato... avevano paura che protestassi...

— E allora?

— Questo vuol dire che non sarà certo lei, con i suoi insulti da quattro soldi, a farmi effetto!

— Ci mettiamo anche questo?

— Conti quante pagine...

— 100 giuste!... ci metto le sue osservazioni sull'Accademia?

— Mm, non gli farebbe male... metta!... queste battutine sono acqua passata!... solo che, stia leggero!

— Bene!

— Ah, grazie tante! Lei mi cerca i cavilli, ma non aiuta mica un accidente!...

— Altro argomento!... lei sa un po' di argot?... me ne parli!

— Certo, sí! Certo!... l'argot è una lingua di odio che ti stende secco il lettore... l'annichila!... alla tua mercè... che ci resta tutto basito!...

— Bè!... può andare!...

— Ma attento! Ohè!... c'è dell'altro: l'emozione dell'argot si scarica svelta! Due... tre strofette! Due, tre imbonimenti... e il suo lettore si tira su subito!... tutto un libro in argot è piú noia d'una "Relazione alla corte dei Conti"...

— Perché?

— Ma perché il lettore è un vizioso! Vuole dell'argot sempre piú robusto!... e dove glielo va a trovare?

— Già, dove?

— Allora, Colonnello, stia attento: l'argot è un piccante formidabile!... ma tutto un pasto piccante è un mangiare che ti resta lí! Il suo lettore lo manda a quel paese! Le caccia per aria tutta la sua cucina! Stralunato fuori di testa! E ritorna alle patacche il suo lettore: di corsa!... l'argot seduce ma non avvince... cosí il signo seduttore dopo qualche sublime attimo si ritrova messo in buca dalla dama, lui che prima ha promesso mari e monti, che doveva abbattere foreste... al primo cespuglio che gli taglia le gambe!... lui chiede grazia!... lo stesso tra l'argot e l'azione!... qua: prenda una lettera in gergoso del detenuto alla sua cacciapila... plumona da matti!... fatta da leggere in tutti i bar dei "draghi togassi" da Barbès al Lape... nel giro!... come erano le lettere della Marchesa, sritte vervose, succulente, bezzicose alla grande! Perché nei vari castelli ci restassero a bocca larga! E tutte le castellane allora giú a squacquerare, ruttare, sbavare, a passarsele dal Périgord al Beavesis!... idem le belle lettere dei macrò!... se vuol divertirsi, ci faccia caso: lo stesso assassino-scrittore che si spiega in gergoso, e anche stretto, con la sua cacciapila e soci, non gli scrive certo in "baccaglio" al giudice istruttore!... no che no!... fa marcia indietro!... come si deve! E serio!... quando c'è il dramma, quello vero (mica il dramma da film) nessuno piú che sappia il gergoso!... ti salta il Diploma!... ti frega, il gergoso!

— Cosa conclude?

— L'argot ha il suo ruolo, sí!... certo!... la storia di tutti i piccanti!... non ce n'è?... il suo brodo è di merda!... ce n'è troppo?... ancora piú di merda!... ci vuol tanto di quel tatto!...

— Prima mi stava parlando "dell'io"!... adesso mi tira fuori l'argot!

— Ehi! Ma è stato lei, ohè, Colonnello! A cambiare argomento! Ha attaccato lei con l'argot!

— Bè sí, bè sí, è possibile...

— Quante pagine abbiamo fatto?

— Cento!

Sempre fermo a cento!... secndo me contava al rovescio!... st'incapace!

— Se parlassimo un po' d'amore?

— Eh, piú piano! Piú piano!... ci ascoltano!...

— Chi, ci ascolta?

Non c'era un cane... nei paraggi!... e poi non parlavo mica forte!... macché forte! Era balengo questo Colonnello!... e due occhi poi ci aveva!... imbambolati da ebete!

— Succede niente di tragico, sa Colonnello? Si sta parlando del piú e del meno! A vanvera!... le pare?... un'intervista alla buona! Ecco! Alla buona!... le proponevo di parlare d'amore e di canzoni d'amore... non è un argomento da affrontare in una piazza?... le canzoni d'amore in piazza?... gliene canto una? Un esempio di lirismo popolare?... mi ci sono guadagnato il pane, con le canzoni! Io!

— Lei?

— Sí!... fedeltà! Carezze!... eternità! Tenerezze! Ci ho maneggiato! Vuole sentirne una?

— No! No! Me ne vado!...

— Non se ne vada! Rimanga! Rimanga! Colonnello! Non canto non canto!

Andava via!... sul serio!...

Si remette giú...

— A loro sí che gli va bene!

— A chi?

— Ai cantanti d'amore!... tutto permesso, a loro! I cancheri marci del lirismo! I parvenus del trucchetto! Di "io" quanto ne vogliono, quelli!... ce n'è mai troppo, di "io"! del loro caro "io"! capirà! Hanno la Specie dalla loro! Tutta la Specie! Trovadori da riproduzione! Primavera per 365 gorni all'anno!... un cantante d'amore vale il suo peso in sperma!...

— Vuol sbalordire il lettore?

— Oh, neanche per sogno! Non sarò troppo modesto, Colonnello, ma, per quello, francamente, non m'invento nulla!... una bestia a due teste è grottesca! Mica una novità! Mica! Da che mondo è mondo! La bestia a due teste è porca... cosí dice quella! Cosí vorrebbe far credere! E invece no!... in realtà è tutta da ridere! Ecco che cos'è! Non ha la forza dei porci!... non ci arriva! Neanche un po'!... l'uomo non è che un povero sbraitone nelle prove d'amore!... sotto-sotto-mosca, persino! Si, Colonnello! Sotto-sotto-mosca! La sua piccola epilessia della Specie? Per la Specie?... quanti preparativi!... quanti regalucci! Succhiamenti! Promesse! Moine! E poi?... otto giorni steso! Il sistema nervoso piú fragile di tutto il regno animale!... mica no! La mosca, al confronto? Che si fa i suoi cento colpi al minuto? Una Titana, la mosca, Colonnello! Una vera Titana!

— Trova?

— Credo bene! Tutto il guai di Don Giovanni è di non essere potente come una mosca!

— Questo da mettere nell'intervista?

— Perché no?... metta! Una cosa vale l'altra! Alla gente piace istruisi senza fatica!...

— Crede che la cosa interesserà a Gaston?

— Ah, questo poi no! Se ne frega lui!... dato che non gli tocca la cassaforte!... la sua cassaforte!

— Dunque lei lo ritiene tanto venale?...

— No, ma è ricco...

— E con ciò?

— I ricchi sono tante casseforti...

— E con ciò?

— Pensano come casseforti... vogliono solo esseer piú grandi, sempre piú blindati, sempre piú invulnerabili... per il resto se ne battono! Piú grandi dei piú grandi, piú pieni dei piú pieni, piú duri delle corazze piú corazzate di tutti i

carri armati riuniti di tutti gli eserciti possibili!... è l'ideale!
Non gli interessa altro! Tutti quelli che gli vanno a parlare
sono dei rompipalle sospetti... svaligiatori... scassinatori...

— Ammettiamo!... ma Paulhan?... è cassaforte anche lui?

— No!

— Eppure la rispetta la NRF, no?

— Paulhan ci campa, col rispetto!

— Crede che gliela pubblicherà, la sua intervista?

— Se non gli va, la caccia via, che diamine!

— E se gli va?

— La paga tremila franchi a pagina!... la sua domestica,
a parità di lavoro, la paga di piú! E non fiata!...

— Ha una domestica?

— Perbacco!... è quello che gli invidio di piú: la
domestica!... non gliela perdono mica!...

— Lei è acido... invidioso!...

— Ah non c'è dubbio!... e me ne vanto! Invidioso da crepare di tutti quelli che si fanno servire! Che si hanno una domestica a ore!... di tutti quelli che non lavano i piatti, mai!... io, sono vent'anni, Colonnello, che non ho piú domestica!... io, mutilato della guerra del 14! Genio delle lettere e della medicina! Tutti quelli che ci hanno la domestica sono tutti dei tampusse svergognati goduriosi tirapiano! Impiccarli tutti, Colonnello! Impiccarli! Champs-Elysées! A mezzogiorno! Questa sí che è la classe da odiare! Di qua o di là dalla cortina! Non ci sono santi che tengano! Lei ce l'ha, naturalmente, la domestica? Lei si fa servire, eh?... ce l'ha la faccia!...

— Bè sí, lo ammetto!...

— E per di piú anche in pensione, lei!... scommetto?

— Sí!...

— Pensione semplice o "supercoefficiente"?

— Supercoefficiente...

— Ne ero sicuro!... è la fine!... l'ozio nella Previdenza!... meno male che fra un po' arrivano i Cinesi!...

— Per far che?

— Per farla finita! Razza d'un imbranato! Per farvi costruire il canale "la Somme-Yang-Tsé-Kiang"!

— Perché lei sa qualcosa?

— Sí, so!...

— Ci mette anche questio nell'intervista?

— E come!altroché! con tutti i particolari!

— No!... eh non!... no!...

Si alza... stavolta se ne va sul serio! Gli corro dietro!

— Non mi parlerà piú di politica?

— No!... giuro!... era solo un dettaglio!... è per il canale, eh?... me le sono inventato quel canale!... da un capo all'altro, tò!... lo vuota col cucchiaino, lo vuota!... basta un cucchiaino da caffè!...

— Se l'è inventato allora? Era uno scherzo?

— Ma è chiaro, Colonnello! Non mi avrà mica preso sul serio? Andiamo andiamo! Conti le pagine! Conti le pagine! Devono pur ridere quelli della NRF!

Centodieci pagine!...

— Non basta secondo lei?

— Ah no! No! Colonnello! Ci fa le barchette con queste il Paulhan!...

— Fa le barchette Paulhan?

— Sí! Barchette di carta igienica!

— Con i suoi capolavori?

— Glielo dico io!... quando i miei capolavori non gli piacciono!... il Nerone!...

— Vabbè! Forse gli piacerebbe di piú il lirismo?

Fa proposte... ha paura riattacchi con la politica...

— Come vuole lei!... le dicevo, a proposito del lirismo, che neanche il lirismo d'amore offre piú tanto...

— Perché?

— Perché i cantanti melodici l'hanno rovinato per bene! Ciullato a morte!

— Dice?

— Lei ha certo la radio, vero, Colonnello?... sí? Allora sarà d'accordo con me!... c'è niente di piú funebre di queste canzoni sentimentali? C'è niente? Fanno tutto venire una tristezza! E, dica un po', cosa ne pensano i merli? I fringuelli? E gli usignolli? Di queste messe mortuarie dell amore?... e i passeri, poi?

— Adesso ce l'ha con la canzone?

Oh, neanche per sogno! Ma non mi van giú questi cantori da sdilinquo...

— Momento! Che conto...

Conta... riconta... ha messo insieme solo settantadue pagine... s'era sbagliato... l'avevo detto, io!...

— Lei, adesso... faccia delle domande!

Voglio che si sgaggi!...

— Lei non mi molla piú!

— Ma sí! ma sí!... la mollo... adesso forza! Mi interroghi!

— Una domanda!

Ci pensa su.

— Forza!

— Come le è venuta l'idea del suo cosiddetto stile inedito?

— Dal metrò!... dal metrò, Colonnello!...

— Come come?

— Quando prendevo il metrò... avevo dei momenti di esitazione...

— Ah!

— Quando stavo per prenderlo... ma gliel'ho già detto!... non mi ascoltava! Non mi ha ascoltato!...

— Il metrò? Sarebbe a dire?

— Non il metrò!... per essere esatti era il "Nord-Sud"!... allora era il "Nord-Sud"!

— Ebbè?

— Così!...

Mi interrompe!...

— Lei permette?... vado a fa pipí!...

— Comodo comodo!... ma dove?

Mi mostra lo sbocco della piazza, il portello a battenti... dietro gli alberi: il vespasiano... ecco perché guardava per di là, boia!... sempre per di là!... e che si storceva tutto!... e che non mi dava retta!... e strabuzzava gli occhi, boia! Son sicuro che non gli era restato niente in testa!... neanche l'essenziale: che ero l'unico scrittore del secolo! Io!... io!... ce l'avevo ripetuto abbastanza! Che tutta la massa degli altri! Pfuah! Pfuah!... che riempiono pagine di critiche pagate al cento per cento! Confusiosi, scrafugliosi da schifo!... ripfuah! Pfuah!... non valgono la loro biro! Il ricambio di biro! Rimbecilliti prima del tempo! Tutti e tutte!... sfiatati, brocchi, plagiari, perditemp da viali!... ciarlatani senza orvietani!... una cricca che è meglio leggere i Goncourt!... senza meno!... aborti senza formalina! Me la son presa tanto per niente! Gli avevo raccontato che una notte mi era venuto una specie d'incubo!... ero ospite di certe mantidi religiose... l'ho detto prima! S'eran tutte travestite da Mauriac!... e si facevan filmare!... dopo ho rivisto di nuovo Mauriac! Leggo i suoi articoli tutti i giorni... andava in moto... una roba da stenderti!... travestito da mantide in moto!... su una moto da suora!... e con la cuffia!... per nascondere i suoi diffetti!... andava a trovare Claudel... dovevano partire tutti due per l'Est!... andavano a fa la resistenza laggiú! Insieme! Insieme! Con le spadel e tutto! "Non c'eravamo nel 14, ci saremo nel 74!"... per andare all'Est bisogna passare per gli Champs-

Elysées!... ah, quanta gente che c'era!... c'era il reclutamento!... distribuivano Banderuole gratis! E una folla al Théâtre Français! Mi portavano in trinfo!... per il loro successo, la loro pietà, la loro dragheria! E per l'Ode! Claudel col cappello da suora!... per loro l'Est era il Théâtre Français! Rispetto al loro giornale... e come ci davano sotto! L'uno e l'altro!... il trionfo che gli facevano!... scene indimenticabili!... "Ci siamo abituati! Dicevano... gliel'abbiamo già fatta in barba una volta!... e gliela faremo ancora!..."

Ma io divagavo! Mi allontanavo dall'argomento!... il mio Colonnello perdeva il filo!... torniamo alla mia storia! La mia storia!... la mia storia personale!... i doni che avevo ricevuto dal Cielo, io!... eppure glielo avevo spiegato in tutte le lingue!... doni assolutamente eccezionali! Glielo avevo fatto ripetere cento volte!... adesso basta, se lo deve ricordare! Che l'unico vero genio ero io! Il solo scrittore del secolo! La prova! Non si parlava mai di me!... gli altri erano tutti invidiosi! Nobel o non Novel! Che avevano cercato tutti di farmi fucilare!... e che li cagavo del pari!... a morte! Dato che fra me e loro era faccenda di vita o di morte!... che gli avrei cuccato tutti i lettori! Tutti i lettori! Che gli farò venire a schifo i loro libri! Camorra o non camorra! Che non c'era posto per due stili!... era: o il mio o il loro!... crawl o rana!... va bene?... l'unico inventore del secolo! Io! Io! Io! Qua, davanti a lui! L'unico geniale, lo potete ben dire! Maledetto o non maledetto!...

— Mi stia ad scoltare un po', signor Colonnello Réséda! Ci va dopo a orinare! Il supremo liberatore delle stile! Tutte le emozioni del "parlato" tramite lo scritto! Sono io! Sono io quello! Mica un altro! Lei mi capisce, Colonnello?

— Hm? Hm?

Se è ottuso!

Non vi ho ancora dato un ritratto di questo ottuso d'un Réséda... che proprio non ci arriva!... l'aria che aveva... la statura... la faccia!... no, no,no!... voi direte: è così! È colà!... ma non l'ho mica inventato, però!... avete un bel dire! È esistito davvero!... aveva baffi tinti... e anche le sopracciglia... piú o meno alto come me, era...

— Forza Colonnello!... il mio stile a "resa emotiva"!... solo una trovatina, gliel'ho detto, d'accordo, ma però le ribalta il Romanzo, in modo che non si tirerà piú su!... il Romanzo non esiste piú!

— Non esiste piú?

— Mi sono espresso male!... voglio dire che gli altri non esistono piú! Gli altri romanzieri!... tutti quelli che non hanno ancora imparato a scrivere in "stile emotivo"... nessuno piú che nuoti a rana dopo scoperto il crawl!... fnito il "jour d'atelier" dopo il "Déjeuner sur l'herbe"! finito il "Radeau de la Méduse"! afferra, Colonnello ?... gli "attardati" si defendono, naturale!... dànno in mille convulsioni, e che pessimi agonizzanti che sono, neanche avvicinabili! Non ho finito! C'è di peggio, Colonnello! C'è di peggio! La mia piccola scoperta non sconvolge solo il Romanzo!... anche il Cinema va a ramengo! Proprio! Caccia all'aria il Cinema! Sí! Il Cinema! Non esisterà piú! Con l'agonia che si ritrova da sempre! Nato agonico! Ectoplasmico!... catastrofe! Sarà!... la fine dello schermo, Colonnello!... gliela preannuncio!

Lui stava a ricincischiarsi la bottega... cosí che non mi ascoltava!... adesso sí che guardano tutti...

— Vada vada! Corra!

Non c'era molto... venti... trenta metri... si alza... mi lancia un:

— Lei non scrive niente?...

Lui non scrivera piú, la troia!

— No!... non occorre!...

— Dopo si ricorda?

— Starà mica via tanto tempo?

— Insomma... cinque... sei minuti!

— Non sta bene?

— Sono un po' preoccupato in questo momento...

— Ah sí?

— Ci ho un po' di prostata...

— Potrei darci una palpata... ma non qui!... dopo!... dopo!

Lui crede che scherzo... fa un'alzata di spalle... va... zoppica... s'allontana... io resto seduto... penso a tutto quello che ci siamo raccontati... mi ricordo tutto... parola per parola!... non è un gran vanto avere una memoria fenomeno... si è zeppi di ricordi che ci tocca ruminare, classificare... e poi... in fondo in fondo... messi assieme... ricordi mica tanto edificanti... e se se ha anche il dono delle lingue? Per di piú?... se uno parla due... tre... quattro lingue straniere?... anche quelle tutte nella memoria?...

Il Colonnello era sempre dietro a pisciare... io pensavo a tutto quanto ci si era detti... e poi a faccende comiche sulla memoria... avevo una suocera ancora piú brava di me... a ottant'anni si ricordava alla perfezione tutti i numeri di tutte le carrozze che le era capitato di prendere... non solo a spasso per parigi con la mamma... anche dopo, in tutti i suoi viaggi... i numeri di tutte le carrozze!... in Russia, in

Persia, in Olanda... aveva imparato cinque sei lingue senza neanche accorgersi... viaggiando... senza fatica!... tre, quattro sttimane in ogni paese... senza accorgersi!... io ci metto un po' a imparare le lingue... lei no!... pensavo giusto a lei, su quella panchina... chissà cosa faceva di bello? Che età poteva avere?... Centodieci?... centoventi?... facevo il conto... proprio allora... Réséda salta fuori!... mi coglie sul fatto!... io che pensavo...

— Ah Colonnello, è lei?... fatto?... sta meglio?

— Sí, sí!... ma dica un po'...

E attacca.

— Quell'affare!... il suo coso emotivo! Dato che è una specie di emozione parlata... se ben comprendo... comprendo bene?... perché non dettare i suoi libri invece di scriverli?... direttamente!... cosí!

Aveva inventato l'acqua calda!... lo lascio fare, il saraffo! Lascio che mi convinca...

— Ci sono dittafoni meravigliosi!... come?... non lo sa?... microsolchi fantastici!...

Io me lo guardo... non ciurlava piú nella fessa...

— Dittafoni splendidi!

Aveva paura che non avessi capito...

— E lei, Colonnello?... adesso può starmi a sentire?... adesso?... adesso che l'ha fatta?

— Sí!

— Bene, allora le dico tutto... dall'a alla zetta!... tutti i suoi sistemi dittafonici, collettofonici, microsolcanti, non valgono un'ostia secca! Tutta questa meccanica ammazza la vita! Ma capisce? "anti-vita"! pistolini da obitorio! M'intende, Colonnello?... la macchina da scrivere, idem spiccicato!... idem il Cinema!... idem il suo Televizio!... tante seghetie meccaniche!... voglio mica offenderla, Colonnello!... stia qui!... stia qui! Non vada via!

Si offende!

— Ho detto soltanto un parere!

— E la sua invenzione, dica, allora?

— Oh, ma è un altro paio di maniche!... ci ho ben altra brutalità, io!... io acchiappo tutte le emozioni!... tutte le emozioni in superficie! Alé zac!... io che decido!... io me le stipo nel metrò!... nel mio metrò!... tutti gli altri scrittori sono morti!... e neanche lo sospettano!... marciscono in superficie, impacchettati nelle loro patacche! Mummie!...

mummie tutti quanti!... privi d'emozione! Conciati per le feste...

Lui mi occhieggia...

— Vuol tornare a far pipí?

Gli propongo.

No!... non vuole! Strabuzza gli occhi... è perplesso... non strabuzza piú...

— Vuol tornare a fair pipí?

No! Se gli parlassi un po' d'altro?

— Non scribe piú Colonnello?... prende piú appunti?... se ne batte?

— Ma no!

Quest'intervista mi sta andando in vacca...

— E il suo manoscritto? Non parla piú del suo manoscritto? Ehi lei!

Lo voglio un po' svegliare questo imbecille!

— Non è ancora stato pubblicato!

— Quisquilie!... ne pubblicano cinquecento all'anno!

Eh! Eh! Adesso sí che lo intersso!

— Lo pubblicno!... lo pubblicano! Creda a me Colonnello!... lo pubblicano, se me ne occupo io!... se mi lavoro io il Gaston!... è "patacca" il suo manoscritto?... dica! Dica su! Tutto!

— Un tantino... un pochettino soltanto...

— È un po' tendenzioso?

— Come come?

— Un po' cosí... un po' colà! Però anche un mismino di "impegnato"? ma mica troppo! Un tantino "catechismo"? forse? Di striscio?... non troppo, eh?... oh, non troppo!... un pochetto gidiano?

— Oh, sí!

— Moderatamente?

— Sí, sí!

— O spiccicato?

— Con delle sfumature... molte sfumature!...

— Perfetto!... ci si può dormire a leggerlo?

— Oh, sí!

— Ne è certo?

— Mia moglie lo legge tutte le sere...

— E si addormenta?

— Sí!

— Ottimo! Allora lo raccomando a Gaston!

— Legge tutto personalmente il signor Gallimard?

— Diciamo il suo Comitato di Lettura!

— Leggono dormendo?

— Sí, il mio *Viaggio* me l'hanno letto cosí...

— Gli ha dato un bel voto?

— Bè, non c'è male... ma troppo tardi... l'ha pubblicato un altro...

— E loro che facevano?

— Ronfavano...

— È ben strano!...

— No, mica tanto!... ci sono i morti di fame che stan svegli, gli altri dormono... li si vede dappertutto, in macchina, in ufficio, in campagna, in città, in società, in crociera... si fanno scarrozzare un sacco... si bevono tutti i blablabla, sembra facciano qualcosa ma non fanno niente, dormono...

— E lei allora, signor Céline, lei che Gaston l'ascolta... deve averci un segreto! Riesce a svegliarlo! Insomma che razza d'uomo è questo Gaston?

Mi fa cantare!

— Il signor Gallimard è molto ricco!

— Ah!

— Non c'è bisogno di saper altro! Lui se ne fotte del resto! È sempre ricco? Siamo a posto!... può far miracoli!... è andato in malora?... può far piú niente! E ci rompe le scatole!

— È sempre ricco seconde lei?

— Sí... credo di sí...

— Perché... perché?

— Si lamenta un sacco... è un gran buon segno... il suo Consiglio d'Amministrazione gliene fa vedere di tutti i colori, dice lui!... anche questo è un buon segno!... geremiadi di buona lega!

— Può far molto per me?

— Tutto quello che vuole! Perdincibacco! In sei mesi può far di lei il piú grande scrittore del secolo!

— Come lei?

— Molto piú grande di me!

— E come?

— Fatti suoi!

— Lei mi fa stravedere... lei permette?... mi permette?...

— Ma sí! Ma sí! Si permetta pure!

— Adesso le faccio una domanda... perché lei, che è piú grande scrittore del secolo, l'inventore dello stile che dice lei, il Sovvertitore delle Lettere Francesi... insomma il Malherbe del giorno d'oggi! *Venne Céline alfine*, dico bene?

— Sí! Sí! esatto!

— Perché il signor Gallimard non fa mai parlare dei suoi libri?

— Ci ha le sue idee!... idee tattiche!... ne farà parlare quando son morto!

— Le sipravviverà?

— Pare proprio... non si strapazza...

— E per adesso?... mentre lei è in vita?... che ci fa coi suoi libri?...

— Li sbatte giú in cantina!... li nasconde per benino... con migliaia e migliaia d'altri!... ci fa dei gran stock!

— Anche coi manoscritti?

— Ostia! Ma sicurio! Sicurio!

— Anche col mio?

— Ma certamente!

— Ah questa poi!... ah, questa!... questa!...

— Non si dimeni in quel modo, Colonnello! Mi fa venir le vertigini!...

— Vertigini?

— Vada a pisciare, aspetto qua!

Ci ha una voglia! Il porcone... ma non vuole, resiste...

— Non avremmo finito?

— Macché, Colonnello! Macché! Adesso viene il piú patetico!

— Ah!

— Non prende piú appunti? Siamo al momento del mio colpo di genio!

— Ah!

— Ah?... macché ah e ah!... via a pisciare e ritorni! Alé op!

— No!... preferisco!... piscio dopo!... il pisciatoio forse è occupato!...

Senti che scusa!

— Lei cavilla, Colonnello!... come vuole!... vuol fasela nelle braghe? A suo piacimento! Io le finisco la mia storia!

— Sí, presto!... presto!

— Allora!... Blaise Pascal!... se lo ricorda Blaise Pascal, vero?

— Sí!... sí!

— Quella rivelazione che ha avuto sul ponte di Neuilly?... i cavalli imbizzarriti?... la carrozza rovesciata?... la ruota partita?... che per poco ci lasciava la ghirba?

— Ah, ma sí!... ma sí!

— Se lo ricorda?

Era seduto... non la teneva piú... si alzava... si cipolava il cavallo delle braghe... io gli impedivo di andare!... macché!... non è vero!...

— Ci vada!

— Ah sí... Blaise Pascal!

Gli veniva in mente...

— Quello dei *Pensieri*?

— Proprio lui! Proprio lui, Colonnello! Quello che vedeva tutto un abisso! Un abisso sempre! Da quel giorno lì!... dallo spavento che s'era preso!... l'abisso alla sua destra!...

— Sí, alla sua destra!

Mi ripeteva tutte le parole...

— Ma vada a pisciare, Colonnello!

— No! No, no!

— Allora! Come vuole! L'abisso alla sua destra!

— Alla sua destra!

— E poi per aria, Colonnello! Per aria! *Gli spazi infiniti mi atterriscono!* Anche questo di Pascal, Colonnello! Un pensiero togo di Pascal!... si ricorda?

— Sí! Sí, sí!

— Che gli aveva cambiato la sua vita quel brutto incidente del ponte!... da cima a fondo liberato il genio! Il suo genio!...

— Eh?

— Sí, Colonnello!... io, mi guardi, Colonnello! Io sono un po' come il Pascal...

— Possibile?

— Ma sí!... se glielo dico!... Cristo d'un Dio! Mi guardi!

Sempre di piú che si dimenava... e poi intanto, con dei musi!... è che soffriva... non ne poteva piú... adesso sí che la gente ci notava... l'orina gli colava per le gambe... sulla sabbia dappertutto... si dimenava nella sua pozza... se gli cacciassi un colpaccio nella zucca?... supponiamo?... sistemato!... fuori dai coglioni! Ma la mia intervista poi?... che era quasi finita!... poche parole ancora?...

— Non vuole andare a pisciare? Proprio sicuto? Bene!... come le pare!... tenga a mente questo però: il fatto storico, Colonnello!... tutto lí il valore dell'intervista!... che almeno non abbiamo lavorato per niente! Ho provato anch'io!... tale quale!... piú o meno... lo stesso spavento di Pascal!... la vertigine dell'abisso!... ma io mica al ponte di Neuilly... no, no! M'è successo nel metrò... davanti alle scale del metrò... del Nord-Sud!... mi segue Colonnello?... del Nord-Sud!... la rivelazione del mio genio, io la devo alla fermata di Pigalle!...

— Come come?

E intanto si dimena... adesso sí che ci spíano... dalla panchina vicino... da un'altra piú lontano... fa niente!... fa niente!...

— Allora, Colonnello, lei mi ascolta! Stavo dicendo che a quei tempi... già! Non gliel'ho ancora detto... allora glielo dico... ci avevo una vita agitata... devo dirlo... piuttosto agitata... scarpinavo da un capo all'altro di Parigi, per un sí... per un no... a piedi, in metrò, in in macchina... già! Ero fatto cosí!... per una signora tanto affezionata... per un'altra un po' meno... e per altre ragioni piú serie... non c'è dubbio!... piú serie!... facevo consulti di qua, consulti di là... soprattutto, dovevo andare a Issy quasi ogni mattina, per consulti in fabbrica... e abitavo a Montmarttre!... ma si rende conto?... tutte le sante mattine!... Pigalle-Issy! L'autobus?... una volta, due volte... vabbè!... ma tutti i giorni?... c'è da pensarci su: tutti i giorni! Glielo dico io!... il mezzo migliore allora?... metrò? Bici? Autobus?... prendo il metrò?... vado in bici?... oppure a unghia?... osteria se ho esitato!... tergiversato... rideciso... il nero metrò? Quest'abisso sporco, puzzolente e pratico?... gran risucchio di stanchi?... oppure restar fuori? Se titubavo! *Be not to be?...* e l'autobus?... questo mostro angosciato con brividi e scossoni... che ad ogni incrocio balbetta?... che perde un sacco di tempo a fare il cortese... per non schiacciar la vegliarda... ad aspettare si cavi di sotto il suo paraurti il ciclofurgone che ci è andato a sbattere!... il padre di famiglia

con sei figli... oppure via a piedi?... per le strade... *op!!
Dui!!*... a piedi fino a Issy? Superaleta? Ecco il dilemma! Le
profondità o la superficie? O scelta di Infiniti! La superficie
è interessantissima!... tanti così!... tutto il Cinema... tutti i
piaceri del Cinema!... pensi un po'!... ci pensi!... i faccini dell
dame, i culini delle dame, e poi intorno tutta un'animazione!
I signori che scalpitano!... sfoggio delle vanità!... un pieno
di boutiques!... un caleidoscopio di colori, di vetrine!...
miliardi a gogò!... un Paradiso a etichette!... tanto al pezzo!
Tanto al chilo!... femmine! Profumi! Cibi di lusso! Uno scoppio
di fregole!... "Mille e trentasei notti" per vetrina!... ma
attenzione! Magicherie! Siete già film... fatti film! Film anche
voi! Non è che una corsa a ostacoli un film! Dall'inizio alla
fine!... ostacoli!... perdite di tempo! Carambolate!...
rimescoli!... viavai!... polismani, biciclette, incrociamenti,
deviazioni, sensi e controsensi!... arresto generale!... Cristo!
Boileau poteva anche divertirsi... oggi ci resterebbe secco...
a culo le rime!... il Pascal, sua una "due cavalli", vorrei
vederlo io dai Printemps alla rue Taitbout!... mica un baratto
che lo spaventi!... venti abissi! La Superficie è più
frequentabile!... la verità!... eccola!... e allora?... non esito,
io!... è il mio genio! Il mio colpo di genio! Ci son mica
cinquanta modi!... io imbarco tutti nel metrò, attenti!... e
via! Porto tutti!... volenti nolenti... con me!... il metrò
emotivo, il mio! Senza tutti quegli inconvenienti, quegli
ingorghi! Nel sogno!... mai fermate da nessuna parte! No!

Alla meta! Alla meta! Diretti! Nell'emozione!... coll'emozione!
Solo la meta: in piena emozione... da un capo all'altro!

— Come come?

— Grazie ai meiei binari profilati! Il mio stile profilato!

— Ecco!... ecco!...

— *Profilati su misura!*... speciale! Gli storco i binari io al
metrò! Devo dirlo!... quei suoi binari rigidi!... gli caccio una
bella botta!... ce ne vuole ancora!... le sue belle frasi filate!...
ce ne vuole un'altra!... il suo stile, diremmo noi!... glieli
storco in un certo modo, che i viaggiatori sono nel sogno...
che non se ne accorgono... l'incanto, la magia, Colonnello!
E la violenza pure!... devo dire!... i viaggiatori stipati, chiusi
a chiave, doppio giro!... tutti nella mia tradotta emotiva!...
neca moine!... tollero niente moine io! Non c'è pericolo che
scappino!... ah! No no!

— Oh questa è bella! Questa è bella!

— E con me tutta la superficie! Capito? Tutta la
Superficie! Imbarcata! Amalgamata nel mio metrò! Tutti gli
ingredienti della Superficie! Tutte le distrazioni della
Superficie! Di forza! Non gli lascio niente alla Superficie!...
gli cucco tutto!...

— Eh!... eh!...

— Niente da fare, Colonnello!... tutti nel mio metrò emotivo!... le case, gli ometti, i mattoni, le vegliarde, i garzoni, le bici, le auto, le sartine, e le pule per giunta! Stipati "ammucchiati emotivi"!... nel mio metrò emotivo! Non gli lascio niente alla Superficie!... tutti sul mio convoglio magico!...

—Eh?... eh?...

— Di violenza!... lei è il mago? Sí?... no? Allora faccia funzionare il suo incantesimo!... lettori recalcitranti? Sbacchettate, Colonnello!... che preferiscono il Cinema? Sbacchettate!... che preferiscono le patacche? Sbacchettate!... lei è il gran maestro di sortilegi... e glielo dimostra sprangandoli chiudendoli a doppia mandata! Lei esige obbedienza!... il linguaggio parlato attraverso lo scritto!... La sua invenzione! Non si discute! "Pigalle-Issy" senza intoppi!... vietati i commenti! In pieno incantesimo!... non sopporta gli spiriti ribelli! I dialettici per esempio! Niente piú incroci, semafori gialli, pule, o il peso d'un paio di chiappe da tirarsi dietro! Mi segue Colonnello?

— Sí!... sí!

— Neanche piú un camion che ti inchiodi! Che artista che è! Il suo metrò niente lo ferma!... s'è profilato uno stile!

— Uno stile? Che stile?

— Sí, Colonnello!... lo stile che va nei nervi piú sensibili!

— È un attentato!

— Sí, lo ammetto!

— Ah, ma questa è grossa! Si porta via tutto?

— Sicurio, Colonnello... tutto!... i palazzi di sette piani!... i feroci autobus righiosi! Non gli lascio niente alla Superficie! Niente gli voglio lasciare! Né i ciccaioli sotto i ponti! No! Mi porto via tutto!

— Anche i ponti?

— Anche i ponti!

— Niente la ferma?...

— No, Colonnello!... all'emozione, Colonnello!... solo all'emozione!... l'ansimante emozione!

— Sí, ma... sí, ma...

— Non ci sono "ma"!... imbarco tutto!... caccio tutto nel mio treno!... glielo ripeto! Tutte le emozioni nel mio treno!!...

con me!... il mio metrò emotivo prende su tutto! I miei libri prendono su tutto!

— Ah questa è bella! Questa sí che è bella! E gli stranieri? Gli scrittori stranierie?

— Non esistono! Sono ancora dietro a decifrare *La Signora Bovary*, la scena della carrozza... e *Palla di sego*.... che scopiazzano che è un pianto!... non andranno mai piú in là... non è sviluppata la loro sensibilità... e mai lo sarà, ho paura... andranno veloci in aereo forse... ma nelle Arti?... quel che non si portant dietro!

— Eppure si parla, di loro!... sono tradotti!...

— È una truffa portentosa!... provi a togliergli gli uffici stampa, tutta quella favolosa pubblicità, la loro fenomenale faccia tosta, e non esistono piú!...

— Ma i lettori?

— I lettori francesi sono snob, fessi e servili... cascano nel bluff!... e sono pure contenti! Trovano scrittori d'altri lidi, che scrivono tutti come Delly... ed eccoli felici!... e fieri! L'autore piú letto, in tutti i paesi del mondo, piú tradotto di tutto l'universo: è Delly! Colonnello! Delly!

— Bè, però, le lingue straniere...

— Esiste una sola lingua, Colonnello, in questo mondo parababelonico! Una sola lingua che conti! Rispettabile! La lingua imperiale di questo mondo: la nostra!... coseturche, le altre, chiaro?... dialetti venuti fuori in ritardo! Malmessi, mal leccati, arlecchinate! Approssimazioni roche e miagolanti per foresti! Bisciolamenti per pagliacci! È cosí, Colonnello!... so quel che mi dico! E non ammetto discussioni!

— Ha una mentalità ristretta, sa?...

— Che ristretta... imperialista, Colonnello! Come l'ho conquistata la superficie? Non ha visto? Che ho arrafato tutto? Ha visto? È stato attento? Ho imbarcato tutto nel mio metrò!... che cosa gli lascio alla superficie? Le peggiori vaccate del cinema!... e poi le lingue straniere! Le traduzioni!... ritraduzioni delle nostre peggiori purghe! Che se ne servano al cinema, per i dialoghi!... oltre la psicologia! La pappardella psicologica!... tutta la cagheria filosofica, tutto l'orrore fotografico, tutto l'obitorio di natiche impalate, coscie impalate, zinne operate, nasi accorciati, e chili di ciglia!... sí! Chili! Pesanti!... unte!... rosse!... verdi!...

Lui non mi ascolta!

— Vada a pisciare, Réséda!

Non lo sopporto piú... ci sguazza dentro!...

— No! No! E no!

E nega anche che sta pisciando!...

— Va bene, va bene!... se le racconto tutto?... poi lei ci va in quel posticino?

— Sí!... sí!... sí! Glielo prometto!

Addio!... adesso non mi escolta nemmeno!... adesso parla lui... ha imparato tutto!...

— Il binario emotivo! Il binario nervoso!... perdincibacco!

— Ma che perdincibacco d'Egitto! Bisogna solo saperci fare!... diretto a tutta birra! Colonnello!...

— Sí, diretto!... la propulsione emotiva!... l'ultraprecisione emotiva!

— Ah! È d'accordo anche lei Colonnello?

— Sí... sí!... sí! Diretto a butta birra!

— Pisci! Pisci pure nella pozza, Colonnello! Sta sgocciolando, Colonnello! M'ha capito, Colonnello?

— Sí, certo! Sí, certo!

— Ma attento! C'è un particolare!... un particolare! Non si tratta dei soliti binari!... il suo racconto non è il solito racconto!

— No, certo! No, certo!

— Basta un niente... e salta tutto! Massicciata! Volte!... un soffio! Una cediglia!... da scapitombolare! Mille all'ora! Il racconto si ribalta! Deraglia! La tradotta annaspa! Spiacciamento baraonda! Vergogna! Lei e i suoi 600 000 lettori!... un disastro dell'altro mondo! Per un soffio! Con un soffio!... in poltiglia!

— E allora?... e allora?

— Allora, Colonnello... qui sta il genio!

— Di nuovo col genio? Il genio di che?...

— Il genio di non deragliare, diamine! Mai deragliare!

— Va bene, e dopo?

E intanto dava occhiate smarrite... verso il pisciatoio... però mica ci andava! Non voleva!...

— Non ci va?... non ci va? Bene! Fa niente! Ricapitolo!... le riricapitolo!... ha afferrato Colonnello? Non i soliti binari! Il solito stile! No! No!

— Oh no!... oh no!

— Binari costruiti apposta, che sembrano dritti e non lo sono!... che lei ha smussato!... proprio lei! In modo magico!... vizioso, anzi!...

— Oh, sí! Sí! Sí! Sí! Truccati!

— Ecco! Truccati!

— E poi?... e poi?...

— Tutto lí, il genio, Colonnello!... il colpo di Pascal!... la rivelazione del metrò!... lui, col Ponte!... io, col metrò! Qualche obiezione Colonnello?

— Lei?... lei?... lei?

Va male!... è lí che mi sluma!... mi fa una faccia di quelle!

— Lei!... lei!... ma come, lei?...

— *Vssss! Vssss! Vssss!*

Gli rispondo! Gli faccio *vssss* dato non vuole decidersi ad andare al pisciatoio!... che la faccia qui!... come gli viene! Che si liberi! Insomma!

Mi guarda sempre piú fisso.

— Vuol che l'accompagni?

Propongo... ci saranno sí e no venticinque metri di qui al pisciatoio... c'è assembramento adesso... gente sempre piú incuriosita...

— Andiamocene, Colonnello!

— No!... l'ascolto!

Che bella figura ci faccio!... vi rendete conto?... non devo perdere la faccia... non devo!... mi metto a declamare... per la folla che sta intorno!...

— Semplicissimo, non le pare Colonnello? I binari della "resa emotiva" sembrano dritti, perfettamente dritti, ma non lo sono per niente!

— Sí! Sí! Sí!

— Tutta lí l'astuzia, Colonnello!... la raffinatezza! Il pericolo mortale anche! Questo stile assolutamente speciale! Afferra?

— Sí! Sí! Sí!

— Che tutti i plagiari ci scoppiano di rabbia!... si suicidano!...

— Hm!... hm...

— Se i binari sono dritti, Colonnello, è stile classico, con le frasi che filano...

— Allora?... allora?

— Tutto il suo metrò si ribalta, Colonnello! Lei sfonda lo scenario! La massicciata! Op, capitombolo! Sfonda la volta! Ammazza tutti i passeggeri! In marmellata, il suo metrò! La sua tradotta zeppa di palazzi!

— Orpo! Ostia! Che carico!

— Sí, lei con tutti i suoi imbranati! Che catastrofe, nessuno ci scappa! *I binari sono dritti solo nell'emozione!* Capito Colonnello?

— Oh, sí! Sí! Sí!

— Allora attento Colonnello!... pericolo tremendo!... non lanci il suo treno su binari dritti di tipo comune! No! No!... no! La scongiuro! Solo su binari smussati "special"! profilati "special"! da lei stesso! Non si fidi di nessuno per il lavoro! Esegua tutto al millimicron! *Vssss! Vssss!*

104 | P a g i n a

Il mio *vssss! Vssss!* Gli faceva effetto... i pantaloni sgocciolavano... qguazzava comodo nella pozza... una pozza sempre piú grande...

— Lei è sensibile, Colonnello!... uno sensibile!... mica un testone imbecille duro! E neanche straniero!

— No! No! No!

— Capisce quello che le spiego? Tutto quello che le spiego? La raffinatezza della mia invenzione? L'abilità del lavoro! Perché io sono il genio delle lettere? E l'unico, badi bene?

— Sí! Sí! Sí!

— L'emozione al vivo! Mai esterna!

— Sí! Sí!

— Che il suo metrò si sbagli d'un capello!... tutto il metrò stipato di lettori... stregati dal suo stile... ed è la catastrofe!... capitombolo, Colonnello!... carambola!... d'un capello! E lei è il responsabile!

— Sí! Sí! A tutta birra!

—Le bàlie, le edicole, gli scooter, i signori galanti, intere brigate di polismani, interi caffè di plagiari, camion interi di sentimenti, che ha imbarcato, compresso, rinchiuso nel suo libro, un millimicron di scarto di stile, un'ombra di virgola, e vanno a sbattere! Sconquassano tutto! Si spiacciccano!

— Oh!... oh!... oh!...

— Niente oh! Oh! Oh! Vuole altri particolari?... particolari proprio intimi intimi?

— Oh, sí! Sí! Sí!

— Bene!... I tre punti, se me li hanno rimproverati! Se ci hanno salivato sopra i miei "tre punti"!... *Oh, quei suoi tre punti!... Oh, que suoi tre punti!... Non sa fnire le frasi!...* Tutte le castronerie immaginabili! Tutte le hanno tirate fuori, Colonnello!

— E allora?

— Su! *Vssss! Vssss!...* pisci, Colonnello! Il suo parere qual è Colonnello?

— Al posto di quei tre punti ci potrebbe mettere delle parole, a mio parere!

— Castronerie, Colonnello! Ancora castronerie!... non in un racconto emotivo!... vorrà mica rimproverare a Van Gogh le sue chiese tutte sghimbesce? A Vlaminck le capanne sgangherate!... a Bosch i suoi cosi senza capo né coda?... a Debussy di fottersene delle battute? Idem per Honegger! Ho gli stessi diritti io! No? Ho solo diritto di rispettare le Regole?... le stanze dell'Accademia?... disgusto!

— Ma no!... no!... via!

— Le Belle Arti fanno tutte le trasposizioni che vogliono! Da piú di un secolo!... Musica, Pittura, Moda... Architettura!... Muse affrancate, glielo dico io!... e la pietra anche, vede?... la pietra!... la Scultura?... e la carta? No!... ah la carta!... la scrittura è shiava, ecco qua!... serva dei quotidiani!... i quotidiani non traspongono mica!... no! Neanche un po'! e i temi di maturità idem... idem gli esami di ammissione... neanche le lauree... mai... niente!

— Sí, però quei suoi tre puntini!... quei tre puntini, eh?

— I miei tre puntini sono indispensabili!... indispensabili, puttana d'un Dio!... ripeto: indispensabili per il mio metrò! Afferra Colonnello?

— Perché?

— Per metterci i miei binari emotivi!... piú facile di cosí!... sulla massicciata! Capito?... non stan mica su da soli i miei binari... mi occorrono delle traversine!...

LOUIS-FERDINAND CÉLINE

— Che sottigliezze!

— Il mio metrò stracolmo... cosí stracolmo!... arcistracolmo da sfasciarsi... e via! Per la sua strada... avanti! Dentreo in pieno sistema nervoso... zàcchette dentro al sistema nervoso... riesce a cogliere Colonnello?

— Un tantino... un tantino...

— Il mio metrò che le dico, non è mica un stronzo trabiccolo che traballa, strampigna, si impappina, si blocca a tutti gli incrosi!... macché!... il mio metrò non si ferma mai!... gliel'ho detto Colonnello e adesso glielo ripeto!

— Sí, sí! Sí!... straordinario!

— Alla meta, di botto, Colonnello! Ma attenzione!... su binari profilati... racconto a "traversine imponderabili"!

— Davvero? Davvero?

— Come? Dubita ancora?... tale quale!... glielo assicuro, Colonnello!... basta con i lambiccamenti davanti a me! Basta con le remore! La trovata del "metrò-tutto-nervi-a-binari-magici-traversine-tre-puntini" è piú importante dell'atomo!

— Dell'atomo? Ma come?

— Come novità che farà chiasso!

CLColloqui con il professor Y

— E allora?... allora?

— Allora, Colonnello, il Cinema: fottuto! Fuori uno! Sorpassato, strafugnato, stramorto!

— Oibò!... oibò!

— Zitto cogli "oibò"!... non tollero i suoi "oibò" Colonnello! Io le svelo la verità piú pura... tragga profitto da quanto dico... l'avverto: non gli lascio niente al cinema! Gli ho cuccato tutti i suoi effetti!... tutti i suoi meloesotismi!... tutte le sue simillacrime!... tutti i suoi effetti!... e tutto questo decantato, filtrato!... a tutto nervo nel mio convoglio magico! Concentrato!... ho imbarcato tutto!... il mio metrò a "traversine-tre-punti" si porta via tutto!... il mio magico metr*!... delatori, beltà sospette, porti nebbiosi, auto, cagnolini, palazzi nuovissimi, romantici chalet, plagiari, polemisti, tutto!... non ci lascio niente!... per carità: due o tre musei Grévin... Hollywood, Joinville, gli Champs-Elysées, la rada di New York... e tutta la cartapesta!... tutte le sue flaccidose... tettazzone impataccate di ciglia... a sollievo degli atassici... tenga a mente!... gli sclerotici... perché ci si ritrovino! Che non si sentano abbandonati!... ho catturato tutto l'emotivo!... gliel'ho spiegatto Colonnello?... "Pigalle-Issy" in due e due quattro!... anche i peggiori fiacconi si son commossi!... e lei, Colonnello?... e lei?

— Diamine!... diamine!

— Allora siamo d'accordo, Colonnello, siamo d'accordo! Per il Capricorno!... per caso lei è artistoideo? Musicista forse?

— Oh sí... ah sí!

— Siamo a cavallo!... ci capiamo sempre meglio! Se l'immagina la música senza punti di sospensione, Colonnello?

— Ah, questo no! Questo no!

— E senza pause?

— No di certo! No di certo!

— Bravo che siamo d'accordo di nuovo!

— Porca paletta! Fulmini e saette! Orpo d'un'ostia!

D'un botto, là... tràcchete... sobbalza nel lago di piscia... e poi d'intanto strabuzza... strabuzza che sembra un bivio!... ehi che modi!

— Suvvía Colonnello!... orsú... mi badi!

— Opperdincibacco!... Opperdincibacco!

Che squittisce!... Posso dire che quanto a pazienza, non per vantare, scusate se menziono la mia persona, io sono un consumatissimo campione... non ve le sparo mica... mai che mai!... vi do dei fatti... e ci ho le prove... per mesi, per anni, è capitato, prima in cella poi nell'infermeria della prigione, che sono stato rinchiuso con il balenghi, coi piú isterici assassini, il piú pericolosi della "Centrale", affinché col mio esempio... le mie buone maniere... le buone parole... si calmassero un po'... e la piantassero di cacciarsi di testa sulla porta blindata... sbeng!... e che in fatto di stagliuzzarsi le coscie e il petto con i frammenti delle brocche, cercassero di moderarsi un pochettino... e basta con quel segarsi il "femorale"!... il femorale è fatale!... allora, devo proprio dirglielo, Colonnello!... quasi sempre, segundo il mio esempio, miglioravano... si calmavano... nessuno che mi facesse le sue congratulazioni... ma sono cose che io capivo... si fanno mica le congratulazioni ai detenuti... queste belve umane!... non cercavano piú di sventrarmi!... sarebbe stato facile dato che eravamo solo due nella gabbia!... di notte, specie... con la cella illuminata... che cagaculo ci avevano i secondini!... chi ci è stato lo sa... c'è da contare soltanto su se stessi in cella!...

Non faccio confronti!... no!... s'intende! Mica posibile con Réséda, era tutto un altro affare questo... eh sí! Ci si trovava in pieno luogo pubblico... una piazzetta... circondati da ficcanaso!... che lui orinava in piedi!... e poi m'interpellava, la troia...

— Orpo! Ostia! Porca paletta! Céline!

Cosí lo sentono tutti!... scandalo pubblico!... non che ci avessi paura di quel pisciarolo!... ma almeno filar via di qui, educatamente... non volero altro...

— Colonnello, mi stia a sentire! Non si distragga!... badi una cosa: i binari emotivi!... imponderabili!... lo stile emotivo!... i tre puntini!... tre puntini!... la trovata del secolo!... la mia!... mi faranno funerali che non finiscono mai!... ci penso, sa? Ci penso! Glielo assicuro! Lo predíco!... nazionali! E a spese dello Stato!... la Colette mi ha messo il grillo! Con un emotivo ministro che mi piange! Ecco! La gente dove abito non se l'immagina!... il "genio del Secolo"!... binari che sembrano dritti e mica la sono!... il ministro racconterà tutto! Se l'impari a memoria Colonnello! Non si lasci distrarre da nessuno!

— Pigalle-Issy, diretto a tutto nervo! Il Cinema non esiste piú!

Non ha fatto sbagli.

— È già meglio, Colonnello!... ma non basta!... non basta! Lui ha riscoperto il linguaggio parlato attraverso lo scritto!

— Lui chi?

— Ma io, Dio buono! Io medesimo! Alloco! Mica un altro!...

Mi faceva cascare le braccia!... mi faceva!...

— A tutto nervo!... a tutto nervo!...

Si repete.

— Stia in orecchi, Colonnello!... adesso viene il difficile! Col che ho chiuso... le sottigliezze!... cerchi di capire! Si sforzi!

— Ma sí!... sí!... sí!

— Prendiamo un lettore a caso...

— Benissimo!

— Il lettore d'un libro emotivo... d'una mia opera!... in stile emotivo!...

— Allora?

— All'inizio un po' sconcertato...

— Sí?... chi?...

— Ma il lettore che mi legge! Lui gli sembra, ci giurerebbe, che qualcuno gli legge nella testa!... nella testa sua di lui!...

— Orpo! Ostia!

— Eh già!... nella testa sua di lui! Che orpo! Che ostia d'Egitto!... senza chiedergli il permesso! Questo è Impressionismo bello e buono, Colonnello! La trovata dell'Impressionismo! Il segreto dell'Impressionismo! Le ho parlato dell'Impressionismo?

— Oh sí! Eccome!

— Mica soltano nel suo orecchio!... no!... nell'intimo dei suoi nervi! Prorpio dentro il suo sistema nervoso! Insomma nella testa sua di lui!

— Ah, se è cosí!... è una gran cosa!

— Lo può dire forte! È una gran cosa, Colonnello! Lo può dire! Che qualcuno ci soni l'arpa coi suoi nervi, a piacimento!

— Come come?

— Momento! Venga qui!

Non voglio che la gente d'intorno senta... gli sussurro all'orecchio...

— Lei immerge un bastone nell'acqua...

— Un bastone nell'acqua?

— Sí, Colonnello!... Come lo vede questo bastone?

— Non saprei...

— Lo vede rotto il suo bastone! Piegato!

— Allora? Allora?

— Lo rompa lei, perdiana! Prima di ficcarlo nell'acqua! Sembra una barzelletta! Tutto qua il segreto dell'Impressionismo!

— Allora?

— Cosí corrrege l'effetto!

— L'effetto di che?

— Della rifrazione! Il suo bastone lo vedrà dritto! Prima lo deve rompere, Colonnello!... prima di ficcarlo nell'acqua!...

— Lo rompo lo rompo!

— Ci día una bella storta!

— Uguale il mio stile emotivo! E i miei binari tutti lavorati! Profilati "special"!

— Davvero? Davvero?

— Ma sí! Colonnello, lei mi migliora! Fra un po' ci siamo!

— Ma Gaston? Gaston la capirà, lui?

— Adesso vediamo... ci andiamo! Lei glielo domanda!

— Dove è che abita Gaston?

Si ricorda piú.

— Venga con me Colonnello! Mi segua! Usciamo da questa piazza!

Che questo Cristo mi venga via da qui!... ehi! Mica vuole! Vuole mica!... si fa indietro! E giú che riattacca a sbraitare!

— No! No! Mi lasci!

Capirete che figura! Adesso quelli là che guardavano, è uno scandalo!... non gogliono altro, lo scandalo!

— Colonnello!... la dolcezza!... il silenzio!...

Ho un bel mettermi a farlo star zitto, il coso lí!... io arringo! Arringo la piazza! Tutti questi tizi qua! Che si cavino!... che dobbiamo andare... che ci lascino andare... che presenza di spirito che ho!

— È un caso pietoso, signore e signori, quest'uomo è malato! Lo conosco da sempre! Ce l'ho in cura!... un mio paziente!... lo porto all'ospedale!...

Ma lui, la fogna, mi contraddice! E come!

— Non state ad ascoltarlo! Signore e signori! Mi ostacola! È un assassino! Un assassino! È un poco di buono! Io voglio andare dal signor Gallimard!

— Ma ci andrà, somaro che è! Specie di cesso! Ci andrà!... lui ci aspetta! Glielo giuro! Gliel'ho promesso, no?

Gli avrei promesso la luna!

— Si attacchi al mio collo... si tenga forte! Stringa... forte! Forte!... sennò il metrò la porta via!

Si attacca!... mi stringe il gargarozzo!... ohè basta adesso!... va bene cosí!... lui vede il metrò sul boulevard!... laggiú, sul boulevard Sébastopol!... si avvinghia!... ne approfitto per parlare a quei tizi...

— Sí! Sí! È la testa!... la testa!... sono il suo medica, Signore e Signori!... è sotto trattamento! Ha na crisi!...

Cosí dichiaro!

— I binari!... che lui grida... trattamento? Trattamento? Tradimento! Sí! Tradimento!... i binari!... ha svitato tutti i binari!... visto come fa lui? Coi binari? Signore e Signori! Aiuto!... aiuto!...

Si calma mica!...

— Non state a scoltarlo! Signore et Signori! È un povero disgraziato! Orsú!

— Aiuto! Aiuto!

Raglia di quel po'!

— Ha sabotato tutto il metrò!... ha messo pause dappertutto!... mostro anarchico!... venduto!... traditore!... traditore!

Io confuto! Io rispondo... è giocoforza!

— Lo venga a dire a Gaston! Venga!

L'incoraggio...

— Si muova di lí!

— Sí, io glielo vado a dire!... ah, se glielo vado a dire!... sí, glielo dirò!

— Venga dunque! Si spicci! Spione! Somaro!

Veniva... non viene piú... urla!

— Pisciate prima! Pisciare prima!

— Ma piscia sempre lei!

Lui non se ne accorgeva!... tutti i tizi che ci guardavano, quelli!... e come piscia! Come sgocciola!... la pozzza a terra!... io sussurro...

— È un ferito della guerra del 14! Trapanato!... non sa piú!... non sa piú quello che dice! Colonnello della guerra del 14!

È un bel prestigio la guerra del 14... e poi Colonnello... che mi vadano a cercare un taxi quelli, che si sgaggino! Gli faccio segno!... che ne fermino uno che passa!... che mi aiutino!... che lo devo portare all'ospedale!... e non mi stiano lí tra i piedi!

— Che cos'ha?... che cos'ha?

Insistono!...

— Ha parlato troppo, tutto qui! Parlato troppo!... gli ha fatto venire una crisi!... i nervi!... la testa!

— Crisi di che?

Vogliono sapere...

— È il metrò! No! È il metrò!

Di nuovo lí a confutarmi! E con che tono! Mi ha sentito che sussurravo...

— Salvatemi! Salvatemi!

Chiama aiuto!

— Per l'amore del Cielo un taxi!

Anch'io li esorto!... basta guardare quanto piscia!... la pozza! La pozza! Là! Mica mia!... sua!... che la guardino!

— Bè, sí! Bè sí!

Ammettono... si rendono conto... è lui... proprio lui!... mi dànno una mano a tirarlo... a lasciare questo giardino... ci spingono... arriviamo al limite del marciapiede... c'è lí il taxi...

— Salga! Salga Colonnello!

Non si fida!... ancora!

— Niente paura Colonnello! Salga!... Colonnello!

— Andiamo dal signor Gallimard?

— Ma sí, ma sí! Sporcaccione!

Mi manda in bestia!

— Non è mica il metrò?

— Macché! Ma guardi!

Sale!... ci sta... però lo spingo... e tutti che lo spingono! L'autista una faccia brutta... gli dico:

— Vada pianino!... è ammalato!... attenzione!... piano!

— Dove?

— Al 5 di rue Sébastien-Bottin!

Ringrazio tutti quanti là intorno... quelli mi fanno ancora domande!... "che ospedale va?"... sollecito che si muova... il taxi parte... Oh uff!... questo taxi traballa... il mio intervistatore si culla... adesso s'addormenta... credo... io credo... strizza gli occhi... ohè, se l'ho scampata bella!... sí, ma la sua pipí?... a proposito? La sua pipí?... i cuscini? Se inonda la macchina?... non osavo guardare... si andava un po' troppo lento... uno sbrego di camion... Le Halles!... ogni

metro ci si ferma!... semafori rossi!... gialli!... insomma!...
com'è come non è, eccoci allo Châtelet... mi dico: questo
ronfa!... è fatta!... che cavolo! Mi apre un occhio!... proprio!
Guarda fuori... si guarda la piazza... neanche il tempo di
tirare il fiato... credetemi!... batte contro il vetro!... bussa
forte... e come!... bing! Bang! Un casino!... e riattacca con
le invocazioni!

— Aiuto! Aiuto!

A piú non posso!... scandalo in piazza Châtelet!... è
proprio uno scandaloso!... cerca lo scandalo! Accorre gente...
di nuovo folla!...

— Allora? Allora? Che c'è? Che c'è?

L'autista si ferma... apre lo sportello... neanche il tempo
di fare uff! E il mio energumeno s'è buttato fuori! lo
sportello vola! Sí! E lui urla!... già lontano!... gli corro
dietro!... lui è arrivato alla vasca!... a cavalcioni!... sul bordo
della vasca!

— Acqua! Acqua!

Reclama!... e io op!... gli acchiappo un piede! Poi l'altro!...
si stava spogliando!... voleva farsi un bagno, cosí! Nella
vasca!... l'autista mi corre dietro, a me... mi grida dietro!...

— Il mio tassametro! Ehi! Il mio tassametro!

Mollo il piede del mio scandaloso... torno dall'autista.. pago.. e via! Presto! Alla vasca! Alla vasca! Riacciuffo il mio tuffatore! Per il piede!... alè, arrivan le pule!

— Che sta facendo?... Lo conosce?... è con lei?

Mi chiedono...

— Lo devo riportare a casa!... sono il suo medico!

— Favorisca i documenti!

Glieli mostro... meglio non parlare d'ospedale... andrebbe per le lunghe!... mi chiamerebbero un'ambulanza!... sai che divertimento! Stare a spiegar tutto di nuovo... ne avevo già piene le scatole! E neanche le pule ci tenevano!... sgomberare!... ecco tutto!... gli avevo mostrato i documenti... già per la storia del taxi, un bel bordello!... me l'ero scavata!... adesso bisogna che tagliamo!... filare!... che non vada a finire in sommossa!

— Gli dica di rivestirsi, allora!... dove lo porta?

— In rue S"bastien-Bottin numero 5!

— Sta da lei?

— No! Da sua moglie!

— Che cos'ha?

— È un ferito della guerra del 14!

Ma come muggisce il mio ferito!

— Voglio vedere Gaston! Voglio vedere Gaston! Guardie! Gaston!

— Chi è questo Gaston?

— È suo zio!

Dico sicuro...

— Allora si spicci! Lo porti via! Lo rivesta!

Meno male che, quando meno me l'aspetto... lui ci sta!... non vuole piú acqua!... basta!... scivola giú dalla vasca!... dal bordo!... s'infila i pantaloni... da solo... la camicia... io lo aiuto a far presto... ci avevo una paura che la gente ficcasse il naso!... si scostano... ci lasciano passare... cosí va meglio!... sono meno testardi di quelli dello Square... sennò sarei io a star male... le traveggole che mi vengono!... e son io che faccio la guida!... io, che avrei invece diritto a sedermi!... un po'!... conosco un caffè che è un sogno, proprio qui vicino... insomma, buono per noi... dopo il teatro... che c'è una saletta posteriore... conosco... consosco...

— Colonnello, lei è stanco!... ci fermiamo un minuto!... un cognacchino le farà bene! Là di fronte... mi día il braccio.

Mi obbedisce... fa il bravo... gli faccio riattraversare tutta la piazza... poi a destra... attraversiamo sulle striscie...

— Al lungofiume, Colonnello, prima al lungofiume! Eccoci!... e là ci fermiamo, di botto! Lui resta immobile, basito!

— Venga, su, Colonnello!

— Che? Fiori! Fiori!

Mi fa...

— Che? Fiori?

— Sí, fiori per Gaston! Un vagone di fiori per Gaston!

Non lo voglio contrariare...

— Gli voglio offrire dei fiori a Gaston! Una barca di fiori a Gaston! Un sacco e una sporta a Gaston!

— Ma sí! Ma sí! Colonnello!

— Mi compri dei fiori per Gaston!

Spudorato!

— Che fiori desidera?

— Un po' di tutto!... tutto per Gaston!... rose! Rose!... e un frego di gladioli!... se lei non vuole l'ammazzo!... un grego di rose, anche, capito?... un frego di rose!

Con che faccia lo dice! Lo pensa sul serio!... le pule ci osservano... di là dalla strada... dal marciapiede di fronte... se gli prende un'altra crisi, al mio merlo!... tornan di corsa!... gli lascio prendere una rosa... dieci rose... tutto quello che vuole! Vuole mica solo rose... vuole i gigli... e i garofani! Tre fasci di gigli!... e poi un'ortensia col vaso! Enorme! E per giunta dei gladioli... pago la fioraia... e zitto...

— Gli farà piacere a Gaston?

Gòndola!... meno male che vedo il mio bar... lí di fronte... proprio di fronte!... di nuovo le striscie pedonali!

— Ci siamo! Ci siamo, Colonnello!

Finalmente! Eccoci arrivati... tutti carichi di fiori!... passando davanti al banco spiego:

— Ci mettiamo in fondo... eh? Staremo meglio!... coi fiori!... è per un matrimonio!...

In fondo, cioè nella sala del bigliardo... tutta buia... non è l'ora dei giocatori... ripeto al cameriere...

Lui qua, il mio balengo, da quando ci ha i fiori è un altro! Per la gioia che ci prova! Non brontola piú... è al settimo cielo!

— Come sarà contento Gaston, vero?

— Certo! Certo!

— Cosa preferisce? Le rose o i gigli?

— Va pazzo per tutt'e due!

— E gli scrittori come gli piacciono?

— Gli piacerebbe crepassero tutti!

— E allora chi li scriverebbe i suoi libri?

Che razza di domanda!

— Lei, Colonnello, perdiana! Lei da solo!

— Tutti i suoi libri?

— Oh bella! Ma sicuro! Nessun altro!

— Potrei davvero?

— Eh, un gioco! È un giochetto per lei!

— Che gioco?

— Ma andiamo! Le ho spiegato la tecnica!

— Ah sí, è vero! È vero!

— Ha già scordato tutto?

— No, no! No di certo!... non ho scordato niente: il binario emotivo! Il metrò! A tutta birra coi tre puntini! Pigalle-Issy in un minuto!

— E poi?

— Tutti i lettori stregai!

— Bene! Ma c'è dell'altro! C'è dell'altro!

— Lo stile profilato special!

— Giusto!

— La geniale "resa emotiva"! la grande Rivoluzione delle Lettere!

— E poi? E poi Colonnello?

— *Venne Céline alfine!*

— Con convinzione, Colonnello!... non buttato lí: Céline!... sia compenetrato! Fede! Fede, Colonnello! Ripeta!

— *Venne Céline alfine!*

— Bene! Cosí! Va meglio!... niente male!... e poi?... non le ho parlato di cinema?...

— Sí! Sí! Sí!... che il cinema era fottuto!... che lo stile emotivo l'aveva ucciso!...

— Benissimo!... benissimo!...

— Ma lei?... Gaston?... mi dica?... Gaston?...

Rieccoci!... gli riprende!... ci ha il pallino fisso!

— Adesso ci andiamo!... gliel'ho giurato!...

Tutto purché non gli venga un'altra crisi!... vedo le "madame" fuori, che vanno su e giú... entrano e ci impacchettano, senza far una piega! Se il mio sacripante mi pianta un bordello!... non ci si scappa!... bisogna che lo tengo occupato!...

— Ma prenda qualcosa, Colonnello!

— Oh sí!... oh sí!

Fa un salto!... e che salto! Al bancone!... mi è scappato di nuovo!... il bischero!... e ci ha uno scatto! Adesso si mette a cantare!

— *Gluglu! Gluglu! Eccovi la Parigina!...* barista! Alla svelta! Op là!... un bianco carburato!... e un doppio rum!... e una birra! Ah sí!... anche un caffè!

Ordina... poi cambia idea...

— No, niente caffè!... un cappuccino!

Poi mi indica col dito al barista!... e a sua moglie...

— Quello! Sí, quello! Guardatelo! Guardatelo bene! Quello là! Vuol farmelo prendere!... assassino!

— Che cosa? Che cosa?

Si domandano il barista e sua moglie...

— Il caffè!... mi vorrebbe avvelenare!... sicuro! Sicuro!... ha svitato tutti i binari! Signori e Signore!... sapeste che tipo è!... guardatelo! Sí!... quello là!...

Mi guardano... ma io, sempre la mia presenza di spirito!... mi faccio mica sbalestrare!... siamo in ballo, sul piú bello!... allora balliamo!... che inviati briosi, divertenti da matti!... paggetti d'onore!... ecco la prova: la nostra ortenzia bella grossa! Il nostro vaso!... che marpioni che siamo! Già sbronzi duri che è un piacere!... ecco qua! Il barmano, la barmana si domandano fra loro... poi gli scappa da ridere... a loro... meglio cosí!... si mettono a ridere! Al mio balengo gli piglia il tremolío! Sbatte i bicchieri pieni uno contro l'altro... ne caccia uno per terra!... uno pieno!... due!... e tre! Io faccio segno che non bisogna contrariarlo... gli versano un altro bicchiere di birra... questa volta se lo beve... scola tutti gli altri bicchieri nel bicchiere di birra vuoto!... il bianco carburato, il cognac doppio, e per giunta un kirsch! Sí, il kirsch d'un cliente!...

— Ma dica un po', lei! Dica un po'!

Protesta il cliente... ah! E poi si beve anche il caffè!... insacca tutto!...

— Andiamo? Andiamo?

Ha fretta, adesso!... pagare e tagliar la corda!...

— Eccomi, Colonnello! Eccomi!

Agli ordini!... lui barcolla... adesso rimette... e se mi vomita davanti alle pule?... o addosso alle pule?...

— Prendiamo un taxi, Colonnello?

Non gli va!

— No!... attento ai miei fiori!

Io porto il vaso... lui ha i mazzi... le braccia piene... gigli, gladioli, rose... meglio non contrariarlo!

— Non faccia cadere il vaso!

Mi raccomanda... ma intanto lui ondeggia, beccheggia... gli tengo su i fiori, al mio bello stronzo!... e lo puntello!... lo tengo dritto per farlo camminare... la gente ci segue... a lui gli viene il singhiozzo... eccoci al Pont des Arts... andiamo anvanti... a fatica, ma andiamo anvanti!... meno male c'è il parapetto!... pian pianino... lo spingo contro il parapetto... da come oscilla, minimo che si caccia sotto un autobus... e ci sono autobus feroci!... anche io ci stavo con difficoltà... voglio dire: in piedi! Ero veramente sfinito... è sopratutto il parlare che mi stanca, me... non mi piace parlare... detesto la parola... niente mi sfibra di più... e avevo parlato per questo brutto stronzo... un sacco!... sbavato per ore! E lui, che doveva reggermi la sputacchiera!... fottuto intervistatore dei miei coglioni!... me l'avevano scelto bene!... da come barcolla, se gli capita di farsi un nodo ai piedi, di attorcigliarseli? Che poi va sotto l'autobus? Facile!... mi faceva certe sbandate!... certi scatti! Un bruto!... lo sapevo!... non vorrei che quelli si faccian delle idee! Che la gente pensi!... fatale!... dopo che lui è sotto l'autobus, che ce l'ho buttato io!... cosí tendenziosa la gente!... io la conosco... tremenda!... per prima cosa ti vedono assassino!... le interessi solo per questo!... ha solo voglia di farti scannare... di farti tagliar la testa! Certo che potevo buttarlo in acqua... sí! Certo!... mica solo sotto l'autobus!... sbatterlo in acqua... 'sto Colonnello Réséda, alias professor Y!... perdiana!... se ce lo mandavo!... lui col vaso e coi mazzi!... giú dal parapetto! Giú dal ponte!... una bella spinta!... una bazzeccola! Ci pensate? Io ci pensavo per scherzo!... ma anche lui ci pensava!... e mica per scherzo!... "Vieni! Vieni!" lí che mi fa... e mi zompa addosso!... di prepo! L'avrei mai creduto!... sí! sí! ci siamo!... mi acchiappa! In vita mi branca! Mi tiene!... io mi svincolo!... sto selvaggio!... tutti lí che ridono! Due ubriachi che se le dànno!

— Su! Su! Colonnello!

Nessuno si deve accorgere... deve sembrare che siam lí che ci divertiamo!

— Traversiamo!... traversiamo veloci, Colonnello! Gaston ci aspetta.

La gente s'impiccia...

— Chi è Gaston?

— Suo zio! Suo zio!

Giel'ho già detto! E mi lascino stare!... vedo l'ora sul quadrante dell'Institut... son passate "le cinque"... chiudono "alle cinque" alla NRF! Arriviamo in fondo al ponte...

— Su, Colonnello!...

Dopo l'Institut, le stradine... il boulevard Raspail...

— Andiamo, Colonnello! Gaston l'aspetta!

Che non rimanga in panne!... ci ha dei sussulti sospetti!... eccoci in Square du Bon Marché... cloppete-cloppete... la gente ci segue... il Colonnello mi fa...

— Se ci sedessimo un pochetto?

Ah! Questo no!... no, non voglio! Non voglio nello Square!... ancora in uno Square!...

— Ma no, Colonnello! Ma no! Siamo a due passi! A due passi da Gaston!

Era vero!... tre o quattro minuti... al massimo! Lui beccheggia... va a zig zag... anch'io però... lui, era la sbornia!... tutto quel suo intruglio!... io no!... ah, io no!... io era la testa!... e che avevo blaterato troppo!

— Ci sarà Gaston?

— Gliel'ho giurato, Colonnello!

— Dice che gli piacciono i fiori?

— Li adora!... ma mica farli cadere!... li fa cadere!... non lo faccio mica cadere il vaso, io!

Proprio cosí, si perdeva i fiori per strada!... ce ne aveva ancora, si capisce!... dieci... quindici mazzi!...

— Visto che cos'è la superficie? Capisce adesso Colonnello? Lei non esiste piú! Glielo dicevo!... lo dicevo o non lo dicevo?... è un bordello!... una cosa da spavento!... lei si perde tutto, Colonnello!

Non mi ascolta... neanche mi sente... camminiamo... gli tengo stretto il braccio... il braccio destro... non gli restan piú fiori se continua cosí!... ne perde ancora!... e io raccolgo... la gente mi aiuta... glieli rimettiamo tra le

braccia... e commenti di qua commenti di là! Certi ci seguon
dallo Châtelet... domande su domande, specie a proposito
del suo grado...

— Lei crede davvero che sia Colonnello?

Questo, se li incuriosiva!... è davvero Colonnello?

— Lei è un medico?... sí, lei?... dove va?... ha detto che
va a un matrimonio?... ha detto all'ospedale?...

Ne avevo dette tante... m'ero contraddetto... mi rendevo
conto... quelli volevano sapere... sapere tutto!... uffa! Ma che
ci lascino arrivare in pace!... mi basta questo!... mancava
poco ormai... laggiú rue du Bac... l'incrocio, rue Sébastien-
Bottin... non andremo mica a sbagliar porta adesso!... è il
"5"!... ora, ecco, è il momento di infilarci dentro! Al
millimetro! Op! Là!... solo noi due!... gli altri, tutti fuori!
Sporchi puzzoni sfigati somari camorrosi!

— A che numero deve andare?

Vogliono sapere tutto!... gli grido: merda!... do una bella
smazzolata al Col!... con tutta la forza che ci ho!... che lui
si piega in due! Cade sulle ginocchia... è lí lí!...lo
riacchiappo!... perde i gigli!... glieli prendo su... e lui giú
che li fa ricadere!...

— Colonnello!... Colonnello!

Adesso navigo anch'io... ho la sensazione di navigare... ma coraggio!... su, coraggio!

— Colonnello!... ci siamo!... eccoci! È qua!...

Un'altra pacca!... basta con le storie!... svlang!... mica face marcia indietro!... svlang!... dritto nella porta! Che sfondi il portone!... ormai ci siamo!... ci siamo alla NRF!... quella monumentale!... gli inseguitori vogliono entrare anche loro!

— No! No! No!

Il portiere si oppone! Io mi oppongo! Meno male che c'è il portiere!

— È chiuso, vi dico! Puttanieri! È chiuso!

E spranga il portone! Quello grande di sotto! Cling! Clac! Clac! Se s'infuriano! Là fuori!

Battono! Scossano! A più non posso!... si fanno male... così smettono...

— E questo chi è?

Mi chiede il portiere.

— Ssst!... ssst!... ssst!... è un autore!

— Non lo conosco...

— Ssst!... ssst!... ssst!... è un autore... gli è venuta una crisi!...

— Una crisi di che?

Gli faccio segno: la testa!

— È un mutilato del 14!

— Ah!...

Mi tocca spiegare... a lui e sua moglie... adesso sono in due... la moglie è uscita dalla portineria...

— Colonnello della guerra del 14!

— Ah!... ah!...

— Dovrebbe riposarsi! Il signor Gallimard l'aspetta... ha l'appuntamento!

— Adesso?

— Sí!

— Ma il signor Gaston è andato via!

— Abbiamo avuto un incidente!... per questo che siamo un po' in ritardo... abbiamo avuto un incidente!... ma lo vedrà domani! Domani mattina!

— Ce lo lascia mica qua, quello!

— Sí invece! Sí, signora!

Parlo alla moglie... non è niente del parere!... la tratto male... è il momento dell'autorità!...

— Ma dove lo vuol mettere?

— Nel salone grande!... si farà una dormita!... ssst!...ssst!...

— Ma il signor Gaston viene mica di sera!

— Fa niente!... lo vede domattina!... le dico che è una cosa importantissima!

Non mi credono molto...

— Lassú? Lassú?

Quante spiegazioni!... taglio corto!...

— Bene! Lo mettiamo qui!... allunghiamolo!

Decido.

— Dormire!... deve dormire!

Già che dorme lui, in piedi come si trova... che ronfa!... in mezzo tra me e il portiere... lo teniamo su noi due...

— Lei, signora, prenda i fiori!

— Dove li metto?

— Nell'acqua!

— E il vaso?

— Lo porti su da Gaston! Da lui!... nell'ufficio! Sulla sua scrivania!

— Allora lui lo lasciamo lí a guardare il soffitto?

Momento di esitazione...

— In portineria, se permette... sul tappeto?

Propongo io...

— Se dice che è malato... non sarebbe meglio l'ospedale?

— No! No! No! Il signor Gallimard lo vuol vedere! per primo!

Poche discussioni!...

— Ha appuntamento! Lo vuol capire! Ha appuntamento! Ha paura che vomiti?

Adesso capisco!... hanno paura per il tappeto!

— Cerchi un cuscino, signora! Una coperta! Che non gli venga una polmonite! Con la testa per terra cosí!

Che sentano la responsabilità!

— Fatelo dormire! Fatelo dormire!

Loro giú a bisbigliare... a farsi domande...

— Via! Via! Gallimard l'aspetta!

Lei, la prendo... la spingo... lei sale... un piano solo... la sento...

— La coperta!

Lei torna a cercare una coperta... cosí va meglio!... il Col ronfa... lo allunghiamo per terra... ronfa sul duro... non è molto comodo però dorme!... ci ha coperta e cuscino!...

lungo disteso sul pavimento! Sul duro! Lo dico!... si deve sapere in giro!... che se lo tengano bene a mente tutti, che è per merito mio!... loro, lo lasciavano senza coperta!... gli guardo sotto se piscia... non piscia piú!... gli sento il polso... 75... polso normale!... la gente ha smesso di battere contro la porta...

— C'è ancora qualcuno fuori?

Chiedo io... il portinaio apre uno spiraglio... guarda...

— No!... nessuno!...

— Che ore sono?

— Le dieci!...

— Bè! Io me ne torna a casa!... ci metto poco! Ho una bimba malata da vedere!... e poi torno subito.

Ho deciso! Idea!... Montmartre e ritorno!...

— Non si porta via i fiori?

Uffa 'sti fiori!

— No! No! Li metta nell'acqua! Gliel'ho detto!

— E l'ortensia?

— Nell'ufficio del signor Gallimard!

— Devo proprio? Devo proprio?

— Ma si conoscono!... glielo ripeto! Il signor Gallimard lo aspetta!

— Non l'abbiamo mai visto!

— Le spiegherò!... torno subito!

Li lascio lí a blaterare... me la batto!... il portone... la strada... op!... un po' a zig zag... è notte... ho fretta!... ho fretta!... solo a casa mia posso riflettere... fuori non riesco... solo in casa!... poi ritorno... mi rifaccio vivo... certo! Sí! mi metto a lavorarci io sull'intervista! A casa mia! Puttanata d'un'intervista!... io!... che cosa mi ci metterebbe, lui, se si sveglia?... diamine! Il Réséda! Le so già le calunnie! Lei, lei era testimone?... lei ha visto tutto!... visto bene!... testimonia tutto?... ma lui, come mi concerebbe quello! Quando si sveglia! Per le feste! La storia del metrò!... dei binari emotivi!... il taxi!... mi serve di barba e baffi, quello! E il bagno di place du Châtelet!... e la Rivoluzione dello Stile!... e la morte del Cinema! Sarebbe proprio bella!... mi metterebbe in bocca le parole piú ignobili! Da mettermi contro Paulhan! Gaston! E tutti gli altri! Tutta la casa! Questo sozzo finto-essere, professor Y, Colonnello! L'odio che non mi attirerebbe!... questa spugna!... non l'avete visto bere? Però per tornare a casa dovevo travare un taxi!... il metrò tutto chiuso!... tutto chiuso!... i cancelli!... allora sono andaato su a piedi!... non mi credete? Sí, vi dico! Tutta a piedi!... nella notte... capito come sono fatto io? Il coraggio che ho?... eppure sono invalido come lui, se non di piú, ma sí!... ma sí, di piú!... di questo Colonnello Réséda!... di questa carogna d'intervistatore che m'aveva veramente sfessato! Sbragato steso potrei dire!... gigione d'uno sbiegone! Capolavoro d'un sarraffo!... e beone!... era meglio se stavo in guardi! Occhio! È pericoloso! Mi dicevo là sulla panchina... in Place Clichy... mi concedo un riposino... che ore saranno?... le due?... come faccio a ritrivare casa mia?... già, come faccio?... ma no! La ritrovo! Una volta lassú non ci vorrà molto... stendere un testo per me è uno scherzo... ma prima devo riflettere!... mica tanto!... no, non tanto... una mezz'ora... e riesco a riflettere solo a casa!... a casa?... a casa?... non ci capivo piú niente!... la troverò?... no la troverò?... una cosa è certa, mi dovevo sbrigare!... tela, scavalla, glòppete, a palla!... ci devo arrivare! E di filato riattraverso Parigi!... devo essere da Paulhan prima di lui!... a casa del Paulhan!... prima che quello si sia svegliato! Che si metta a scrivere anche lui... e dopo? Dopo?... un bel piattino mi prepara quello! Abita alle Arènes, il Paulhan!... c'è ancora qualcuno che sa dove sono le Arènes! Ma ce n'è di strada!... ah! Ecco! Ecco!... bisogna riconoscerle le Arènes! Perdio d'una vacca! Per Cesare! Lucrezio, Lutezia!... sarabbe un peccato! Un vero peccato!

A Paulhan gli dirò: "Siamo noi due! Ecco i fogli! Siamo d'accordo!" gli dirò la stessa cosa a Gaston: "Il Colonnello si sente male!... ma è d'accordo! Firmerò io per tutt'e due!"... ma devo arrivare per primo, orcocane, senza una piega! Che te lo concio io, Arènes o non Arènes, questo sozzo cospiratore fintone porco mica no!... che era forse per il che, che lui pisciava!... già! Già!...

L'essenziale! L'essenziale! Che non mi perda! Che le faccia io quelle trenta... quaranta pagine!... quanto basta per l'intervista! E liggibili! Leggibili! Dopotutto non deve essere troppo arida!... un'intervista che non farà scintille, si capisce!... che però neanche si sfigura nel loro organo che fa furore, il Catalizzatore delle Elites: *L'illustribus Review New New, Hirsch, Drieu, Paulhan, Gaston, Co...*

Tutto considerato... con umiltà... la memoria di Harvey era di dieci pagine, in latino, sulla "Circolazione del Sangue"... lui che era qualcuno, onorato, favorito del re... da un giorno all'altro manco piú un cliente!... la casa devastata e tutto il resto!... tutti contro di lui!... per uno scrittarello di dieci pagine!... dunque? Dunque?... bisogna stare attenti a non farlo troppo corto... e Galileo!... quattro parole!... quante gliene hanno dette!... come si è dovuto scusare!... per quattro parole!... e inginocchiarsi!... adesso mi rileggo, bisogna rileggersi!... uno deve stare attento a non farla troppo corta... la mia memoria stile intervista... non ci si rilegge mai abbastanza!... oh!... oh!... no... no! Però... la cosa non puú mica andar avanti ancora per molto... dico io! Non è poi cosí importante...

FINE

ALL'AGITATO IN PROVETTA

Traduzione a cura di Andrea Lombardi

A J.-B. Sartre, già diventato succubo

Non leggo più gran che, non ne ho il tempo. Troppi anni già ho perduti in sciocchezze e prigioni! Ma mi si preme, scongiura, angustia.

Devo assolutamente leggere, sembra, una specie di articolo, il Ritratto di un antisemita, di Jean-Baptiste Sartre (Temps modernes, dicembre 1945).

Scorro questo lungo compitino, ci butto un occhio, non è né buono né cattivo, niente di niente, imitazione... Una sorta di "Allamanieradì"...

Questo piccolo J.-B. S. ha letto l'Etourdi, l'Amateur de Tulipes, etc.

Ne è rimasto intrappolato, evidentemente, non ne riesce più ad uscire... Sempre al liceo, questo J.-B. S.! ancora ai pastiches, agli "Allamanieradì"

Alla maniera di Céline, anche... e anche d'altri...

"Putains", etc... "Têtes de rechange"... "Maia"...

Niente di grave, sicuro. Ma ne trascino dietro al culo numerosi, di questi piccoli "Allamieradì"...

LOUIS-FERDINAND CÉLINE

Che ci posso fare!? ... me ne fanno un punto d'onore, non ne parlo mai, e finisce lì. Progenitura dell'ombra.

Decenza! Oh! Non voglio alcun male al piccolo J.-B. S.!

Che osa scrivere? "Se Céline ha potuto sostenere le tesi socialiste dei nazisti, è perché era pagato". Testuale. Olà! Ecco allora quello che scriveva questo stercorario mentre ero in prigione, ad un passo dalla forca. Maledetta piccola lordura piena di merda, tu mi esci dalle chiappe per sporcarmi tutt'intorno! Ano Caino pfui. Che cosa vuoi!? Che mi si assassini! È chiaro! Qui! Che ti faccio a pezzi! Si!... Lo vedo in foto, questi grossi occhi... questo uncino... quella ventosa bavosa... è un cestode! Che s'inventerà, il mostro, perché mi si assassini! A stento uscito dalla mia cacca, ed eccolo che mi denuncia!

Ancor meglio è quando a pagina 452 ha il fiele di annunciarci: "Un uomo che trova naturale denunciare altri uomini non può avere la nostra concezione dell'onore, anche nei confronti di chi è benefattore, egli non li vede con i nostri occhi, la sua generosità, la sua dolcezza, non sono assimilabili alla nostra dolcezza, alla nostra generosità; non si può circoscrivere la passione".

Nel mio culo dove si trova, non si può pretendere da J.-B. S. di vederci bene, né di spiegarsi chiaramente, sembra tuttavia che il J.-B. S. avesse previsto la solitudine e l'oscurità del mio ano...

J.-B. S. evidentemente parla di se stesso quando scrive a pagina 451: "Questo uomo teme tutte le specie di solitudine, quella del genio come quella dell'assassino". Cerchiamo di capire...

Facendo fede ai rotocalchi, il J.-B. S. non si vede ormai più che nei panni del genio. Ma secondo me e visti i suoi stessi scritti, io sono costretto a vedere J.-B. S. solo nei panni dell'assassino, o meglio ancora di un marcio delatore, maledetto, laido, merdoso servente, mulo occhialuto.

Ecco, mi sto agitando troppo! Non me lo posso più permettere, l'età, la salute... La chiuderei qui... disgustato, ecco... Ma ripensandoci... Assassino e geniale!? Può anche succedere... Dopo tutto... Ma sarà il caso di Sartre? Assassino lo è, o lo vorrebbe essere, questo è inteso, ma geniale? Questo piccolo stronzo attaccato al mio culo, geniale? Hum?... si vedrà... si, certamente, può ancora fiorire... manifestarsi... ma J.-B. S.!? Questi occhi da embrione? queste spalle da mezza sega!?... questo panzone finto magro!? Tenia sicuramente, una tenia d'uomo, attaccata dove sapete... e filosofo, per giunta... fa un pò di tutto... Sembra che, in bicicletta, abbia anche liberato Parigi.

Ha giocato tanto… a Teatro, in città, con gli orrori dell'epoca, la guerra, le torture, i ceppi, il fuoco. Ma i tempi cambiano, ed eccolo qui che cresce, si gonfia smisuratamente, il nostro J.-B. S.! Non si tiene più… non si riconosce più… da embrione qual è cerca di passare a creatura… il ciclo… ne ha abbastanza di giochetti, di piccoli imbrogli… adesso si cimenta con le difficoltà della vita, le vere difficoltà… la prigione, l'espiazione, il bastone, e il più grosso di tutti i bastoni: il palo della fucilazione.

Il Destino ha prescelto J.-B. S… le Furie! finite le bagatelle… vuole essere mostro a tutti gli effetti! Subito copre d'insulti De Gaulle!

Che modi! Vuole commettere l'irreparabile! Ci tiene! Le streghe lo faranno impazzire, adesso che le ha stuzzicate, non lo lasceranno più…

Tenia degli stronzi, embrione di girino, t'ingozzerai di Mandragola! Diventerai un succubo!

La malattia di essere maledetto galoppa in Sartre… Malattia vecchia, vecchia come il mondo, della quale è marcia tutta la letteratura…

Fermatevi, J.-B. S., prima di commettere le gaffe supreme!… Pensate!

Riflettete che l'orrore è niente senza il Sogno e senza la Musica... Vi vedo bene tenia, certo, ma non cobra, per niente come cobra... un inetto con il flauto! Il Macbeth non è che un Grand-Guignol, e dei peggiori, senza musica, senza sogno...

Siete cattivo, sporco, ingrato, odioso, asino, e non è tutto, J.-B. S.! Non è ancora sufficiente... Un altro ballo ancora!... Sarei proprio felice di sbagliarmi... non chiedo mica di meglio... Vi applaudirò quando sarete infine divenuto un vero mostro, che abbiate pagato alle streghe il dovuto, il loro prezzo, perché esse vi tramutino in un vero fenomeno. In una tenia che suoni il flauto.

Mi avete pregato e fatto pregare a sufficienza da Dullin, da Denoël, supplicato, "sotto lo stivale nazista", di venire ad applaudirvi! Non vi trovavo né danzante né flautante, difetti per me terribili, lo confesso... Ma lasciamoci tutto questo alle spalle! Non pensiamo che al futuro! Sperate che i vostri demoni vi inculchino il flauto! Flauto prima di tutto! Riprendete in mano Shakespeare, liceale! ¾ di flauto, ¼ di sangue.. ¼ basta e avanza... ma del vostro sangue, mi raccomando! Prima di tutti gli altri sangui. L'Alchimia ha le sue leggi... il "sangue degli altri" non piace nulla alle Muse... Riflettiamo... Voi avete avuto comunque il vostro piccolo successo al "Sarah", sotto lo stivale, con le vostre *Mouches*...

Perché allora adesso non improvvisare tre piccoli atti, alla svelta, sul tamburo, sull'unghia, *Les Mouchards, i Delatori*?

Una rivistina retrospettiva... Dove vi si vedrà di persona, con i vostri compagnucci, mentre siete impegnati nell'inviare i vostri detestati colleghi, detti "Collaboratori", al bagno penale, alla fucilazione, in esilio...

Sarà questo abbastanza buffo?

Voi stesso, chiaramente, grazie alla vostra sceneggiatura, avrete il ruolo protagonista... di tenia sghignazzante e filosofa...

È facile immaginarsi cento colpi di scena, peripezie e trovate delle più farsesche in una pantomima del genere... e come scena finale uno di quei "Massacri Generali" che farà morire di folli risate tutta l'Europa! (Era l'ora!) La più allegra del decennio!

Che si pisceranno addosso e gozzoviglieranno ancora alla 500a replica! e ben al di là! (l'Aldilà! Hi! Hi!) L'uccisione dei "firmatari", gli uni uccisi dagli altri!... lei stesso per mano di Cassou... costui per mano di Eluard! L'altro da sua moglie e Mauriac! E così via sino all'ultimo!... Vi rendete conto!

L'Ecatombe dell'Apoteosi! Senza dimenticarsi della carne, beninteso!... Grande sfilata di bellezze superbe, nude, assolutamente ancheggianti... orchestra del Grand Tabarin... Jazz dei "Costruttori del Muro"... "Atlantist Boys"... pienone assicurato... e grande ammucchiata di fantasmi in sovrimpressione luminosa... 200.000 assassinati, forzati, colerici, indegni... e rapate! alla farandola! del parterre del Cielo!

Coro dei "Boia di Norimberga"... e voi che concepite il plus- d'esistenzialista, istantaneista, massacrista... Atmosfera di rantoli d'agonia, rumorii di coliche, singhiozzi, ferraglie... "Aiuto!"...

Colonna sonora: "Macchine da Urrà!"... Ve lo immaginate!?

E poi per clou, nell'intervallo: Asta di manette! e Buvette di sangue. Il Bar Futurista assoluto. Niente altro che sangue vero! Alla spina, fresco, con certificazione di qualità... di giornata! sangue d'aorta, sangue di feto, sangue d'imene, sangue di fucilati!... Tutti i gusti! Ah! che avvenire J.-B. S.! Che meraviglie farete quando vi sarete finalmente tramutato in Vero Mostro!

Vi vedo già fuori dal vostro bozzolo di sterco, già quasi in grado di suonare un piccolo vero flauto! da cadere in estasi!... già quasi un piccolo artista vero!

Sacrosanto J.-B. S.

À l'agité du bocal

Seguito dalle lettere di Céline a *Je suis partout* e dallo scritto *Viva l'amnistia, Signore!*

Traduzione di *À l'agité du bocal*, testo dai *Cahiers de l'Herne*, edizione del 1972, a cura di Andrea Lombardi

Traduzione delle lettere alla rivista *Je suis partout* e di *Vive l'amnistie, Monsieur!*, a cura di Moreno Marchi †.

Nel 1947 Louis Ferdinand Céline, dopo aver appreso dallo scrittore Albert Paraz che Jean-Paul Sartre, nel suo «Portrait d'un antisémite» (apparso su *Les Temps Modernes* nel dicembre 1945, e nell'ottobre 1947 ripreso da Gallimard nel volume *Réflexions sur la Question juive*), aveva scritto: "Se Céline ha potuto sostenere le tesi socialiste dei nazisti, è perché era pagato", scriverà in risposta *À l'agité du bocal*.

Il *pamphlet* sarà prima inviato a Jean Paulhan, che non lo pubblicherà, e quindi a Paraz, che lo riprodurrà in appendice al suo libro *Le Gala des Vaches* (L'Elan, 1948).

Inoltre nel 1948 ne fu tirata, a cura di alcuni amici di Céline, una edizione di duecento esemplari (*À l'agité du bocal*, Lanauve de Tartas, Parigi, s.d.).

Riportiamo le considerazioni di **Pierre Monnier** riguardo a *Le Gala de Vaches* e su Cèline, pubblicate sul n°217 di *Europe-Amérique* dell'11 agosto 1949:

Alla fine del '48 uscì un libro straordinario, *Le Gala des Vaches* di Albert Paraz, che prendeva le difese di Céline con un coraggio senza precedenti. Per misurare il terreno percorso, occorre che la storia quotidiana dia conto di questo: otto grandi settimanali francesi rifiutarono la pubblicità (a pagamento) per *Gala*. Alcuni critici letterari osarono parlare di provocazione.

Un'amica d'infanzia di Céline, la grande Arletty, fu né più né meno minacciata di morte perché aveva accettato di vendere *Le Gala des Vaches*, che raccoglieva quaranta lettere di Céline, una delle quali contro l'aborto Sartre, "L'agité du bocal"!

Le librerie che avevano messo in vetrina quel libro vennero devastate. E da chi? Ecco il punto. Dagli ebrei? No! Molti ebrei sono fervidi ammiratori di Céline: Milton Hindus in America, Paul Lévy, direttore di *Aux écoutes* a Parigi.

Coloro che si oppongono a Céline sono semplicemente degli scalmanati comunisti o altri che rappresentano solo se stessi, che non hanno mai letto una sola riga dei suoi libri, che non sanno niente del suo caso. Sbraitano a più non posso perché Céline ha fatto le prime rivelazioni su ciò che accade in Russia con *Mea Culpa* e *Bagatelles*. Molto prima di Koestler, Gide e Kravcenko. Costoro, però, non vengono bistrattati come Céline. Perché? Perché lui ha genio!

La pirotecnica reazione di Cèline alla infamante - e falsa - accusa rivoltagli da Sartre, va collocata, per essere compresa a fondo, nel contesto storico delle epurazioni dei "Collaborazionisti" in Francia nel 1944-1949. Circa 40.000 francesi, che a vario titolo avevano avuto rapporti o con lo Stato di Vichy o con l'Amministrazione tedesca, svolgendo funzioni burocratiche, amministrative e intellettuali, oppure avevano militato in raggruppamenti politici o in unità militari, paramilitari o di Polizia furono condannati a pene detentive e privati dei diritti civili. Furono inoltre eseguite ben 7.037 condanne a morte, che colpirono anche gli intellettuali ritenuti rei di "collaborazione con il nemico", come Robert Brasillach, Jean Luchaire e molti altri, mentre 10.000 francesi caddero vittima di esecuzioni sommarie. Ancora nel 1952, 2.400 francesi si trovavano in prigione con l'accusa di collaborazionismo.

L'epurazione degli scrittori "Collaborazionisti" sarà compito del *Conseil national des écrivains* (CNE), che stenderà, *democraticamente*, degli elenchi di libri e di autori "impubblicabili". Anche uno scrittore pacifista come Jean Giono, che durante l'Occupazione scelse l'"emigrazione interiore", fu messo all'indice e incarcerato.

Si capisce facilmente quindi che l'accusa di Sartre, uno dei più irremovibili persecutori degli intellettuali *Collabos*, poteva risultare molto pericolosa per Céline, vista la fine fatta dal ricordato Robert Brasillach, giustiziato tramite fucilazione il 6 febbraio 1945 nonostante una richiesta di grazia indirizzata a De Gaulle firmata, tra gli altri, da Mauriac, Claudel, Valéry, Duhamel, Paulhan, Cocteau, Colette...

In aggiunta a questo, il 19 aprile 1945 un Tribunale francese aveva spiccato un mandato di cattura per "Tradimento" contro Cèline, riparato in Danimarca, e, dal dicembre 1945 al febbraio 1947, Louis Ferdinand Destouches sarà incarcerato a Vestre Faengsel, passando diversi mesi in cella di isolamento.

Tornando alla *Querelle* Sartre-Céline, notiamo che, durante l'Occupazione, Céline sarà uno tra gli intellettuali che meno contribuiranno, tramite articoli o altri contributi, alle conferenze ed alle riviste collaborazioniste come *Je suis partout*, *Au pilori* e *La Gerbe* su temi quali l'alleanza tra Francia e Germania, la lotta contro il Bolscevismo ed il Capitalismo, l'antisemitismo...

Infatti, escludendo i suoi *pamphlets*, visto che sono stati scritti quasi tutti prima del 1940 (*Mea Culpa*, 1936, *Bagatelles pour un massacre*, 1937, *L'Ecole des cadavres*, 1938 e *Les Beaux Draps*, 1941), Céline, durante il 1941-

1944, pubblicherà appena un solo articolo, venticinque lettere e tre interviste. Da notare poi come la diffusione di alcuni dei suoi libri sarà in più occasioni ostacolata tanto dalle autorità di Vichy (come nel caso de *Les Beaux Draps*) quanto dai tedeschi (anche se Céline avrà degli alleati in Karl Epting, direttore dell'Istituto tedesco di Parigi, e nell'ambasciatore Otto Abetz), mentre, paradossalmente, come ricorda anche Cèline nell'*Agité du bocal*, il "Resistente" Sartre metterà in scena il suo dramma teatrale *Les Mouches*, allegoria dell'Occupazione nazista... nel giugno 1943, in piena Occupazione, al Théâtre de la Cité!

Nelle lettere scritte da Louis Ferdinand Céline alla stampa, alcune delle quali, apparse su *Je suis partout*, sono riprodotte in questo libro, non troviamo le prezzolate considerazioni di un Céline al soldo dell'"occupante nazista" denunciate da Sartre, ma semmai alcuni degli argomenti da Céline esplicitati con grande passione, più che violenza, nei suoi *pamphlets:* la decadenza della Francia, e più in generale dell'uomo, incantato dalle false promesse del Comunismo, dal Capitalismo, e dagli ebrei che hanno posizioni di predominio in ambo questi sistemi economico-politici, la denuncia di come l'uomo moderno della civiltà dei diritti, preso dal suo egocentrismo, dimentichi i suoi doveri ed i valori della propria terra, la denuncia dei politici francesi che hanno portato la Francia alla degenerazione e quindi alla sconfitta del maggio 1940.

Idee decisamente scomode quelle di Louis-Ferdinand Destouches, idee che, lungi dal fruttargli utili, gli hanno semmai comportato quei guai che egli, come il suo alter ego Bardamu del *Voyage au but de la nuit*, nel corso della sua esistenza, pervicacemente, ostinatamente, ha sempre cercato, perché per Céline/Bardamu:

> "*È forse questo che si cerca nella vita, nient'altro che questo, la più gran pena possibile per diventare se stessi prima di morire*".

Tre lettere di Céline alla rivista
Je suis partout

Céline ci scrive, *Je suis partout*, 29 ottobre 1943:

N on siete sorpresi dal fatto che la radio anglo-ebrea ci voti a non so quante morti in quanto "collaboratori", antisemiti e patatì e patatà mentre non parla mai di fucilare tutti quelli che hanno direttamente o di traverso *approfittato dei tedeschi*? Sono legioni, peraltro, nome di Dio! E opulenti, formidabili! Personalmente non ho mai tratto un piffero dall'occupazione, ma il paese francese, nella maggioranza, non ha mai immaginato, mai conosciuto un affare così brillante come la guerra 39-40!... Contadini, commercianti, industriali, intermediari, mercato nero scoppiano di prosperità. Quasi tutti i contadini sono ricchi. Dannati della gleba prima del 39 viaggiano tutti verso il loro secondo milione! Insolenti e gollisti, dove sono te loro terribili sofferenze in questa faccenda? Atroci tartuferie! Ecco della gente da fucilare! Per immonda ipocrisia! Per salubrità morale! Hanno tutti - eccome! - ingoiato, supplicato, strisciato, leccato i benefici infami al 1000 per 100 - e fatto gagliardamente crepare di fame i loro connazionali meno ben piazzati (gollisti compresi!), guardate le grandi città! vi e la Francia? Che scempiaggine! Che vocabolo! Che sporca truffa! Tanto più sono marci prebendati, leccaculo dei tedeschi, ingozzati del nero, tanto più sono gollisti! La smorfia morale del riscatto! Che cagatina! La guerra del 14 era stata un affare superbo per cinque o sei milioni di francesi. La guerra del 39 lo è stupefacente per trenta milioni. Dieci milioni e non di più, sono vittime da commiserare! Gli altri non sono che smorfiosi, egoisti, esibizionisti e puttane. Giocano alla resistenza, ma intimamente pregano affinché la guerra duri!

Bella frottola!

Elenchi? Elenchi? A quanto quello integrale, nominativo di tutti quelli che hanno guadagnato qualcosa con i tedeschi? Eccolo il vero elenco dei *collaboratori efficienti*. Non gli idealisti e speculatori di pensieri gratuiti.

Che ci lascino tranquilli con i traditori. *Traditori* tal caso, *subito*, tutti quelli che hanno guadagnato un centesimo con i tedeschi.

L'indennità di guerra ammonta, credo, a 500 milioni al giorno.

Circolano da qualche parte, in qualche tasca, quei 500 milioni. *I nomi! I nomi!* che si rida, nome di Dio! prima di morire! Vorrei strofinare il loro naso nella loro merda, a questi virtuosi del gran patriottismo! Non vedo alcun giornale, alcuna radio occuparsene. Capisco la discrezione della B.B.C. Essa sa perfettamente che questi merdosi costituiscono la maggioranza dei suoi ascoltatori. Meno capisco la discrezione dei giornali parigini. Cosa temono? Hanno ancora qualcosa da perdere?

I collaboratori sono dunque così afflitti, così timidi? Ci tengono, per e contro tutto, a morire sublimati? Ovvero come dei fessi e dei vitelli, assassinati, imbavagliati, senza nemmeno aver osato sputare sul muso dei loro assassini la sola verità che ci vendichi, tutta la loro sporca impostura, la loro oscena iattanza, il loro marcio sermone!

Henri Poulain, Parlando dei loro libri. Viaggio al termine della periferia feudo di L-F Céline, intervista per Je suis partout, 7 marzo 1941:

Il modo per incontrare Céline? traversate Parigi in metropolitana, ad una uscita prendete un autobus e presentate sfrontatamente i biglietti blu del signor Mariage; non scendete che al capolinea, percorrete a piedi due buoni chilometri, attraversate due volte la Senna sui ponti a metà pietra e metà legno: al termine s'innalza da qualche parte un modesto dispensario comunale. Là, con un pò di fortuna, potrete scorgere Louis- Ferdinand Céline, medico e geniale scrittore. Alla sua imponente opera, che fece abbastanza scalpore, si aggiunge adesso un nuovo libro, *Les Beaux Draps*, lisciviazione dei panni sporchi di famiglia, senza mezzi termini, a colpi di mestola, praticata però con la grazia e la delicatezza tipiche delle lavandaie dei tempi che furono.

La vita lo ha fatto diffidente. Subito. Mi ha detto con cortese fermezza:

— Parliamo del libro... se vogliamo! ma non di me! Non sono la signora Darrieux! Quello letterario é un argomento femminile, frivolamente femminile! Inoltre non bisogna parlare del buonuomo, mai! l'uomo é troppo disgustoso.

Al termine del pomeriggio il nostro Ferdinand mi ripeteva:

— Ben inteso, compare, mi hai giurato che non racconterai niente di questa tua visita!

Avevo giurato, la vera promessa d'Ippocrate, *nec visa, nec audita, nec intellecta*! Parliamo del libro.

L'Ecole des cadavres era dedicato "a Giuliano l'Apostata", *Les Beaux Draps* é offerto "alla corda senza impiccato".

— Ne hai visti di impiccati dopo il tracollo?, mi chiede beffardo Céline. Come se io fossi venuto per essere interrogato!

— *Les Beaux Draps* sorprende molti lettori, anche tra i fanatici!

— Perché?, chiede ancora Céline.

— Si direbbe un'edizione spurgata... tenendo conto delle proporzioni... ben inteso!

— I critici diranno - di che sbattersi il didietro - Louis-Ferdinand Céline lo scatologico sta perdendo i colpi.

Con mia soddisfazione Ferdinand, dotato di una prodigiosa scurrilità verbale, smentisce con il suo argomentare una simile, sommaria diagnosi.

Per provargli che all'occasione egli sia preda del senso dell'ingiustizia, cito un critico:

"Le lettere non sono un passatempo per ragazzine, né per fraticelli e la vera biblioteca non é quella rosa", ed ancora a proposito di *Bagatelles pour un massacre* "Dalla *Ménippée* ed i poemi di Agrippa d'Aubigné non esiste nella nostra letteratura un pari urlo di rabbia, ripercosso dall'eco di una sintassi parlata, robusta, gagliarda e nuda come una ragazza del Gran Courbet. Questo é l'irrefrenabile dono, che non si sottomette ad alcun zelo, che investe tutte le nature moderate, contenute, tiepide ed accademiche".

— Benedetto Léon Daudet!, scoppia in una fragorosa risata Céline.

Già ai tempi di *Voyage au bout de la nuit* i due si erano riconosciuti d'istinto, medici, cugini del medico-curato di Meudon, François Rabelais.

Il trio usa infatti il medesimo acido ed altrettanto bene la sbarra di ferro, il fioretto, la clava, la risata, il ruggito feroce e gioioso. L'insieme ha l'aspetto della vita e del sangue caldo, talmente generoso da spaventare le "persone smorte". É la scusa, per esempio, del sig. Robert Desnos amico del compianto Jeanson, che si nutre d'altre pillole, appena fabbricate

dalla gente di lettere ebraizzata e dai signorotti della casa della Cultura al tempo del Front Popu.

— Io non impedisco a nessuno di amare la pasticca, concede Céline.

— In *Les Beaux Draps* l'Ebreo non é la "vedette", e dato che lo rimarco con un pò di rimpianto, Ferdinand aggiunge:

— Per l'Ebreo ho fatto del mio meglio negli ultimi due libri... Per adesso essi sono comunque meno arroganti, meno spavaldi... Non bisogna però illudersi. Il segretario dei Medici della Seine-et-Oise si chiama Menchkietzwictz. A parte ciò... Ho d'altronde sentito una brava donna che, nel far la coda, diceva "Al tempo degli Ebrei si mangiava bene!". (Céline, medico francese, medaglia al valore militare, esercita la professione di necroscopo in fondo alle periferie. Il medico dello stato civile della Butte di Montmartre si chiama Weiss).

Ecco Ferdinand lanciato:

— Ci sono dei francesi che rimpiangono gli Ebrei! Bisogna pertanto non confondere. Sotto il regno dell'Ebreo, l'indigeno arrotondava il mangime, l'Ebreo non indietreggiava davanti alle spese, così come il salumiere che ingrassa i maiali, egli aveva la sua ideuzza. Soltanto, ecco che il maiale é divenuto ragionatore! per un inconfessato istinto é sfuggito al salumaio. Il maiale non interessa quindi all'Ebreo, si é trattato di un errato rimpinzamento. Il maiale ragionatore può sempre danzare davanti al suo trogolo, però non ha più alcun diritto, salvo i calci... se l'Ebreo potesse. É una favola facile da comprendersi, compare mio!

Céline riprende:

— Tutto questo é ozioso. Molto spassoso sarebbe interrogare i pontificanti di ieri, i signori Mauriac, Billy, Giraudoux, Bayet, che ci porgono i più recenti, maturi frutti del loro grembo, l'esatta ultima proiezione dei loro preziosi pensieri

Allegro, Ferdinand, sentenzia subito:

— L'adulto é imputridito, bisogna lasciarlo crepare ed occuparsi dell'infanzia. Sono i bambini la vera, magnifica promessa, alcuni scrittori giapponesi hanno scritto al riguardo in modo divertente e ragionato. La scuola fabbrica in serie, falsamente, delle teste farcite, imbottite di scartoffie, invece di porre il bambino al centro del mistero della bellezza, della magia del creato, il mondo animale, la coccinella.

Questo é in effetti il principale scopo del nuovo libro di Céline. Il refrattario Ferdinand, la grande fauce urlante, si rivela un lirico. Ascoltate:

— Bisogna ricominciare tutto dall'infanzia, tramite l'infanzia, per ogni bambino... il desiderio che la famiglia sia bella, sana, vivace, ariana, pura, redentrice, allegra di bellezza, di forza e non soltanto la vostra famigliola, i vostri due, tre, quattro marmocchi, ma l'intera famiglia francese, l'Ebreo che la sa cosi lunga, via, spedito ai suoi palestinesi, al Diavolo, sulla luna.

"Ho il mio motivetto", scrisse un giorno Céline, formula che mi sembra la degna traduzione dell'alessandrino di Corneille: "So quel che voglio e credo a quel che mi si dice" ed il tizio non si vanta. Ascoltate, piuttosto:

— Vedo l'uomo più inquieto, da quando ha smarrito il gusto delle favole, del fantastico, delle leggende, inquieto ad urlare che adula, venera la precisione, il prosaico, il cronometrico, il ponderabile.

Bisogna notare, per i delicati, che Céline raggiunge così con perfetta adiacenza un giovane principe della poesia, Patrice de la Tour de Pin, che scriveva nella sua *Quête de joie*:

Tutti i paesi che più non hanno leggende saranno condannati a morire di freddo.

Les Beaux Draps edifica dei sogni, delle immagini, un universo pieno del ritmo della vita, crea grandi sinfonie di avventure. Strano libro.

Geniale autore!

Per anni si é dibattuto al termine della notte, volontariamente solo; diceva allora:

— Percorro la mia viuzza - così - da immemore tempo, "guardone" il più anonimo possibile. Nella mia ombra costruisco le mie lanternine, esse illumineranno oppure no. Dipende. Non bisogna chiedermi altro.

Egli viveva allora in una quasi perpetua collera, ma il dispiacere mascherava una fede invincibile ed una vitalità unica. Al termine della periferia, l'ho trovato come se possedesse la certezza di un'alba prossima. Il viso risplendeva forte, impavido, lo sguardo blu, di una terribile trasparenza, umido di gioia. Credo proprio che Louis-Ferdinand Céline viva nell'incantesimo di un grande sogno, speranza di un mondo ridivenuto magico e fremente, così come la terra nelle prime epoche della creazione. Come altre volte, da Satrouville o da Clichy, bisogna riguadagnare Parigi, per vie ammuffite, tra i sinistri muri delle officine, le chiassose porte dei dancings, lungo i viali di Jean-Jaurés e di Camille (Desmoulins e Pelletan), sotto grandi angoli di cielo dove il vento disperde i fumi e spazza le belle nubi.

A Montmartre ho incontrato un discepolo di Ferdinand, cameriere, che non beve altro che acqua.

— Céline ha ragione, mi ha detto. Non bevo più, il vino rende meno severi.

All'improvviso mi ha domandato provocatorio:

— Avete letto Les Beaux Draps?

Con una dolce insistenza pongo la medesima domanda. Se il lettore di buona fede non si dovesse appassionare a questo libro, desidererei allora essere il primo cliente della "corda senza impiccato".

Céline ci scrive, *Je suis partout*, 9 luglio 1943:

Abbiamo ricevuto da Louis-Ferdinand Céline una lettera da cui estrapoliamo le seguenti righe, dove i nostri lettori ritroveranno, sotto la sua brusca e feroce forma, il profeta di Bagatelles e di L'Ecole des cadavres.

Una classe privilegiata non ha più utilità, né senso, né ragione di esistere da quando non é più capace di procurare quadri all'esercito.

E la regola, la sola.

Essa giustifica i propri privilegi fornendo ufficiali alla guerra. Dal momento in cui termina di assolvere tale ruolo, non procurando più bambini, né ufficiali, diviene parassitaria e quindi disastrosa. La catastrofe 40 é dovuta agli ebrei, alla denatalità ed alla fuga degli ufficiali. La nostra borghesia non vuole più donare alcunché, ma prendere invece tutto. Non vuole che benefici. É divenuta ebrea. Altro non pensa che in termini di oro, adocchia "dollari" in continuazione.

Karl Marx, che bisognerebbe rileggere, ebreo molto più preciso ed istruttivo di Montaigne, scrisse specificatamente: "Gli Ebrei si emancipano nella misura in cui i cristiani si ebraizzano". In Francia gli Ebrei sono perfettamente emancipati ed i cristiani perfettamente ebraizzati. Abbiamo conosciuto nel 14-18 gli ultimi bravi borghesi che difendevano le loro personali casseforti con la propria pelle. Gli ufficiali borghesi non si portavano ancora dietro, durante la ritirata, le loro specchiere. Nel 39 la borghesia era divenuta così ebrea, i quadri dell'esercito cosi gaudenti, rammolliti, che la guerra apparve loro subito insopportabile. Disfatta totale.

Non troviamo più la borghesia davanti alle sue casseforti, ma dietro.

Tutta la differenza tra il 14 ed il 39 sta qui. Il ravvicinamento tra i borghesi era ancora possibile nel 14: - non lo é più nel 43 - poiché la borghesia, finita, infiacchita, codarda, non ha più un ruolo nazionale (né internazionale) da giocare; essa si é discreditata una volta per tutte in guerra. Ha fornito la prova della sua morte e contaminerà chiunque la vorrà sposare.

Viva l'amnistia, Signore!

I testo di Céline Vive l'Amnistie, Monsieur! apparve sulla rivista Rivarol dell'11 luglio 1957, in risposta ad una ennesima serie di polemiche attizzata dall'uscita, nello stesso anno, del suo nuovo libro *Da un castello all'altro*, il primo della Trilogia del Nord.

Resistenti di qui... resistenti di qua... Certo! ... D'accordo... ma perché non noi?... perché non io?... tessera, diploma, medaglia?... Idea stramba, insolente?... che diamine!

I resistenti di Sigmaringen non sono forse mai esistiti? Non voglio offendere nessuno, ma se mi paragono a quelli che si sono serviti da me, ricettando materiale e muri, mi dico: c'è dell'abusò... andiamo! andiamo! Che l'Iniquità trionfi! l'amnistia! dunque altrettanto noi, no? Resistenti a Sigmaringen, mica per ridere, seri e d'assalto! chi, mi domando, é andato a dire sul muso ai medesimi nemici quel che pensava, al mostro teutonico, affatto addormentato, incatenato, nel momento del suo maggior furore, quando tutti gli eserciti del mondo gli passavano tra le trippe, negli uragani al fosforo? il mostro in completa vivisezione, allo squartamento membro per membro? Londra, Brazzaville, Irkoutsk, comodo riportare il proprio bargiglietto diffondere fregnacce in modo che tutto il pianeta goda, palpiti, copuli, folle coraggio! al settimo cielo, una volta passato il pericolo!

tutto va, tutto é possibile a Irkousk, Brazzaville, Londra...
Sigmaringen, altra faccenda! oh, completamente differente!
dico... conosco un pò l'argomento... adesso, é molta la gente
che vi é stata, accozzaglia di bugiardi! Rebatet può
comprendere, gli altri blablablano, poltriscono, brogliano
lontani da Sigmaringn come da Marte! non uno di quelli che
conosco, che mi trattano da questo e da quello, paradossali
neo fifí, in questo stesso giornale, avrebbe resistito appena
otto giorni a Sigmaringen... troppo balordi, gaffeurs,
sguatteri! ancor meno a lungo che in Danimarca! tutti questi
sfessatucci, ubriaconi, tremolanti del loro vuoto e delle loro
frottole... la prigione danese succursale del Ritz?... due giorni
di prova e non li vedremo più! spariti! "ha avuto fortuna,
Ferdinand!", dannati, sculati specchietti per le allodole,
scappa-coso, in quale abisso del Baltico saranno adesso a
sciogliersi? "L'esperienza é una lanterna orba che illumina
soltanto chi la tiene"... andiamo! andiamo! perdoniamo! quel
che resta, quel che é certo, é che se non altro per
Sigmaringen si avrebbe ben diritto alla "tessera"! non tutto
rubato, scroccato, come tanti e tanti altri, invece!

Dunque, stavo per redigere la mia domanda (non ho
niente da perdere, mi hanno arraffato tutto)... ma... ecco: a
chi indirizzarla? Al sig. De Gaulle in persona? Al cardinale
Muselier? A Churchill? Kru-kru? a Thorez l'illustre "non tanto
popolo"? tutta questa gente, di cui diffido, mi domanderebbe
il perché e il percome? Personalità incessantemente occupate,

da non far perdere loro un minuto: ai fatti! scopo della richiesta:

Essendo a Sigmaringen all'epoca della riunione dei quadri presso il Comune di Hohenzollern, riunione presieduta dai più alti führers civili, militari e ambasciatori riuniti, riunione "urgente" per il " sollevamento morale", e stata proposta la creazione di una societá detta: gli Amici del Pére Lachaise.

Lo potete provare?

— Certamente!

Avevo previsto testimonianze, certo!... non ci vuole molto a rintracciare dei testimoni... ma se andavo a farli accusare di "rialzar la testa"? di non trattenersi? di non esser guariti? d'essere incarnati recidivi? insomma di rivolerne a tutti i costi? annuso un pò di rischio, come se i0 andassi a chiedere che mi restituissero il mio appartamento ed i miei manoscritti! follia!

— dato che siete così ingegnoso, onesto e devoto ci farete votare un'amnistia?

Sarebbe l'uovo di Colombo! la sola effettiva idea pratica! il colpo di spugna generale! completo! senza amnistia generale io non posso esporre un solo testimone! e tanti saluti alla mia tessera!

Eccomi dunque ancora perplesso... oh, ma osservo! penso! Descartes, a me! *cogito!* Dio se la Francia, vi faccio notare, la più luminosa, la più umana, la più generosa delle patrie, gongola, si piega e mugula per i Diritti dell'Uomo! se riceve, accoglie, quanto più può, tutti i perseguitati del mondo! colori, sette, razze! nei suoi giardini, logge, saloni, la sue più grandi Scuole ed il suo letto! mille petizioni di richiesta! dal 44 al 57 almeno dieci petizioni al giorno! generosa inappagata! "Avete un valaccuccio che é stato schiaffeggiato, destra o sinistra, e che soffre? inviatecelo! inviatecelo! uno stregone paone che digerisce con difficoltà il suo missionario? mal cotto, troppo barbuto! inviatecelo! inviatecelo!". Elenchi dietro elenchi, infiniti elenchi di nomi illustri in soccorso del valaccuccio schiaffeggiato. Eminenti, titani delle Belle Arti, delle Scienze, le Accademie riunite "per il sollievo dello stregone, causa il suo missionario sullo stomaco...", ma dal 44 in tredici anni, mai visto circolare un solo elenco, il nome dell'ultimo stradino, a favore dell'Amnistia generale... *cogito! cogito!* tant'è vero che c'è Dio é impossibile che i francesi pensino ad altro che ad essere un pò più carogne, indefettibilmente feroci con i loro fratelli di latte caduti nella sventura, mentre a torrenti sono invece le lacrime per i polacchi! Volapucs, cripto valacchi, messico caraibi! Non possono più dormire, dal niente che loro manca, questi "distanze-luce" stranieri... ma che Dubois, Duraton, Vergogna, marciscono dieci anni, venti anni, in fondo alla fossa, alle travi, al Diavolo! eccolo il bel risultato! che ben appaga coscienze, sonni e Diritti dell'Uomo!

Cogito! cogito sempre! Ferdinand, mi dico, classe 12! nato Courbevoie! mutilato al 75 per 100, medaglia ben prima di De Gaulle, ancora un pò il tuo dovere! presente! volontario? sempre! che questo meccanismo dirompa, divampi, avviluppi le 25 Assemblee, sette, sacrestie, Corti dei Miracoli! che il grande Salvatore divenga presidente! ha guadagnato 27 milioni con le sue Memorie... meno che la Windsor, ugualmente però lo immagino nella sua graziosa dimora a rammendare calzini, non ha sofferto tanto dell'Occupazione, non può essere troppo inacidito... poiché egli é un Charles, avrebbe potuto emulare l'altro, il V°, rientrando a Parigi, rassicurando la Francia... "Il re non ne ha saputo niente, non sa niente! non saprà mai niente!". Si fa ancora in tempo! politica di grandezza! Amnistia totale, generale! la spugna! quel che é successo é successo, tanto peggio per il male! i morti non resusciteranno! razziatori, Thenardieri delle fosse, rompete le righe! Amnistia, oblio! vacanze! l'odio in vacanza!

Bellissimo! mi esalto! vecchio crostino febbricitante potrei mai essere cosi topico? Non piacerò di certo a De Gaulle, trattandolo con simile familiarità... la pagliacciata può costarmi cara! che faccia di lui un Charles Floquet. "Viva l'Amnistia generale"! No! indubbiamente, la prassi! credo di fargli un piacere, a leggergli un efficace passaggio dell'enciclopedia 1900... quello che concerne sia noi... sia tutti i ministri... che la smettano di tormentarci, torchiando, censurando, dissanguando... di renderci atroce il "bando vitale"... che ci facciano infine una cortesia...

L'Amnistia rientra tra le necessità di tutti i governi, ci sono dei periodi in cui un'inflessibile severità comporterà gravi inconvenienti, facendo correre pericoli al medesimo Stato. Vige nel paese tale bisogno di pacificazione che il potere ha tutto l'interesse ad ascoltare la voce delle clemenza ed a stipulare una specie di trattato di pace civile.

Ecco all'incirca la caratteristica del 1900!

Non parlerò dell'Algeria, della "madre malata" o dei bambini in odio tra di loro, De Gaulle sa tutto ciò, Mendés-France altrettanto, loro sanno, ma se ne stanno alla finestra; potrei andare a Roma... o da Ben Gurion... o al Pentagono... Nasser mi sembra in gamba... andrei non importa dove a farmi trattare non importa come, ci sono abituato... a l'"Hum", "Rivarol", "L'Express", quando si é divenuti l'arciottuso per un quarto anarca non si ha più che un'ideuzza... intorno vi é già la notte completa, ma una fiammella sulla sommità della Torre Eiffel é nella notte visibile a tutta Parigi... la speranzuccia...

Viva la Grande Amnistia, Signore!

Altre pubblicazioni

Omnia Veritas Ltd presente:

Complotto

contro la **Chiesa**

de
MAURICE PINAY

I trionfi del comunismo e della massoneria e la natura del potere occulto che li dirige

Omnia Veritas Ltd presenta:

NORIMBERGA

OSSIA LA TERRA PROMESSA

DA
MAURICE BARDÈCHE

Io non difendo la Germania; difendo la verità

Noi viviamo su un "falso" della storia

Omnia Veritas Ltd presente :

BAGATELLE

PER UN **MASSACRO**

de

LOUIS-FERDINAND CÉLINE

Per quanto queste sciocchezze contengano sempre un riverbero di verità...

L'unico libro veramente infernale...

OMNIA VERITAS

Omnia Veritas Ltd presente :

LA SCUOLA DEI CADAVERI

de

LOUIS-FERDINAND CÉLINE

... *del prodigioso tambureggiamento stratosferico e del gigantesco accompagnamento del nostro apparato di tortura e servitù...*

I Democratici non sono altro che i domini del Frastuono giudeo

OMNIA VERITAS

Omnia Veritas Ltd presenta:

IL TALMUD SMASCHERATO

da

I. B. PRANAITIS

Molte persone interessate nella questione ebraica sono solite chiedere se ci sia o no qualcosa nel Talmud che non sia bello

La confusione di opinioni a questo riguardo è talmente grande

OMNIA VERITAS

www.omnia-veritas.com

www.ingramcontent.com/pod-product-compliance
Lightning Source LLC
Chambersburg PA
CBHW050404030726
47503CB00006B/2018